俄罗斯族在中国是一个人口较少民族，居住在我国同俄罗斯接壤的三个省区内——新疆维吾尔自治区、内蒙古自治区、黑龙江省。从俄罗斯族人口的地域分布上看，其特点是大分散、小集中。俄罗斯族人口分布较多的是新疆维吾尔自治区和内蒙古自治区。

走近中国少数民族丛书

主 编/丹珠昂奔

俄罗斯族

Eluosizu

乃珂热曼·依布拉音 著

辽宁民族出版社

图书在版编目（CIP）数据

俄罗斯族/乃珂热曼·依布拉音著. —沈阳：辽宁民族出版社，2014. 12（2020.5重印）
（走近中国少数民族丛书/丹珠昂奔主编）
ISBN 978-7-5497-0966-3

Ⅰ. ①俄… Ⅱ. ①乃… Ⅲ. ①俄罗斯族—民族历史—中国 ②俄罗斯族—民族文化—中国 Ⅳ. ①K284.4-49

中国版本图书馆CIP数据核字（2014）第310747号

走近中国少数民族丛书·俄罗斯族
ZOUJIN ZHONGGUO SHAOSHU MINZU CONGSHU · ELUOSIZU

丛书策划/李凤山

出版发行者：辽宁民族出版社
地　　址：沈阳市和平区十一纬路25号　邮编：110003
印 刷 者：河北锐文印刷有限公司
幅面尺寸：170mm×240mm
印　　张：11.25
字　　数：167千字
出版时间：2014年12月第1版
印刷时间：2020年5月第2次印刷
责任编辑：李凤山　吴昕阳
封面设计：杜　江
责任印制：杨　雪
责任校对：边京爱

标准书号：ISBN 978-7-5497-0966-3
定　　价：38.00元

网　址：www.lnmzcbs.com　邮购热线：024-23284335
淘宝网店：http://lnmz2013.taobao.com
如有印装质量问题，请与出版社联系调换　联系电话：024-23284340

《走近中国少数民族丛书》编辑委员会

《走近中国少数民族丛书》作者名录

《蒙古族》 萨仁图娅（蒙古族）
《回族》 许宪隆（回族） 张龙（汉族）
《藏族》 丹珠昂奔（藏族）
《维吾尔族》 艾克拜尔·吾拉木（维吾尔族）
买力克·买买提（维吾尔族）
伊利迪尔（维吾尔族）
《苗族》 石莉芸（苗族） 李云兵（苗族）
《彝族》 陈国光（彝族）
《壮族》 黄佩华（壮族）
《布依族》 周国炎（布依族）
《朝鲜族》 黄有福（朝鲜族）
《满族》 于今（满族）
《侗族》 杨筑慧（侗族）
《瑶族》 玉时阶（壮族）
《白族》 董建中（白族）
《土家族》 罗中（土家族） 罗午（土家族）
《哈尼族》 朱志民（哈尼族） 李泽然（哈尼族）
《哈萨克族》 艾克拜尔·米吉提（哈萨克族）
伊拉达·拉音别克（哈萨克族）
《傣族》 赵瑛（傣族）
《黎族》 罗文雄（黎族）
《傈僳族》 鲁建彪（傈僳族） 欧光明（傈僳族）
《佤族》 郭锐（佤族）
《畲族》 钟亮（畲族）
《台湾少数民族》 林华（台湾少数民族）
《拉祜族》 苏翠薇（拉祜族）
《水族》 韦学纯（水族）
《东乡族》 马兆熙（东乡族） 马自祥（东乡族）
《纳西族》 白庚胜（纳西族） 孙淑玲（汉族）
白羲（纳西族）
《景颇族》 金黎燕（景颇族）
《柯尔克孜族》 阿地里·居玛吐尔地（柯尔克孜族）
《土族》 祁进玉（土族） 东永学（土族）
《达斡尔族》 毅松（达斡尔族）
《仫佬族》 黎学锐（仫佬族） 黎炼（仫佬族）
《羌族》 雍继荣（羌族） 罗吉华（羌族）
周发成（羌族）
《布朗族》 陶玉明（布朗族）
《撒拉族》 马成俊（撒拉族） 马建新（撒拉族）
《毛南族》 韩德明（汉族）
《仡佬族》 周小艺（仡佬族）
《锡伯族》 阿苏（锡伯族） 盛丰田（锡伯族）
何荣伟（锡伯族）
《阿昌族》 们发延（阿昌族） 张斯齐（蒙古族）
《普米族》 朱凌飞（汉族） 杨周明（普米族）
《塔吉克族》 西仁·库尔班（塔吉克族）
阿力木江·西仁（塔吉克族）
《怒族》 李月英（傈僳族） 张芮婕（傈僳族）
《乌孜别克族》 古丽巴努木·克拜吐里（维吾尔族）
《俄罗斯族》 乃珂热曼·依布拉音（塔吉克族）
《鄂温克族》 黄任远（汉族） 那晓波（鄂温克族）
《德昂族》 袁丽华（汉族） 王燕（汉族）
《保安族》 马少青（保安族）
《裕固族》 董潇红（裕固族） 王政德（藏族）
《京族》 吕俊彪（汉族）
《塔塔尔族》 卡米力·库尔马尤夫（塔塔尔族）
《独龙族》 李金明（独龙族）
《鄂伦春族》 王为华（汉族）
《赫哲族》 黄任远（汉族）
《门巴族》 陈立明（汉族） 张媛（汉族）
《珞巴族》 陈立明（汉族） 李锦萍（汉族）
《基诺族》 朱映占（汉族）

总序

中国是一个统一的多民族国家。几千年来，有着悠久历史和灿烂文化的少数民族，与汉族一道，在中华大地上繁衍生息，共同开发着这块土地，建设、发展、捍卫着这个古老而伟大的国家。各民族都是兄弟，相互离不开，都是这个国家的主人。习近平总书记在第二次中央新疆工作座谈会上发表重要讲话，指出："要坚定不移坚持党的民族政策、坚持民族区域自治制度。民族团结是各族人民的生命线。要高举各民族大团结的旗帜，在各民族中牢固树立国家意识、公民意识、中华民族共同体意识，最大限度团结依靠各族群众，使每个民族、每个公民都为实现中华民族伟大复兴的中国梦贡献力量，共享祖国繁荣发展的成果。各民族要相互了解、相互尊重、相互包容、相互欣赏、相互学习、相互帮助，像石榴籽那样紧紧抱在一起。""要在各族群众中牢固树立正确的祖国观、民族观，弘扬社会主义核心价值体系和社会主义核心价值观，增强各族群众对伟大祖国的认同、对中华民族的认同、对中华文化的认同、对中国特色社会主义道路的认同。"因此，坚持平等、团结、互助、和谐的社会主义民族关系，不断增进了解，深化友谊，建立牢不可破的感情基础，是中国社会转型期、改革攻坚期、矛盾多发期保持社会稳定、发展的基本要求，也是实现中华民族伟大复兴的中国梦的基本要求。

为了进一步宣传我国少数民族的历史文化和民族风情，增强对少数民族的认识，宣传党的民族政策和方针，加深对党的民族政策的理解，加强各民族之间的了解与沟通，让读者了解少数民族，中华人民共和国国家民族事务委员会文化宣传司和辽宁民族出版社共同组织了《走近中国少数民族丛书》。

《走近中国少数民族丛书》的编写有以下三个特点：第一，采用图文并茂的形式、鲜活生动的语言、特色浓郁的图片与丰富的民族常识链接，向读者展示我国55个少数民族的历史渊源、民族变迁、社会生活、文化艺术、风俗习惯、历史人物和民族区域自治政策的伟大实践。第二，作者多为本民族的专家学者和与民族研究工作相关的专家学者，对自己撰述的对象既有深厚的知识积累，也有真挚的情感。第三，内容彰显了历史与现实、民族文化与地域文化、民族区域自治地方与散杂居地区少数民族生产生活的多彩画卷和轨迹，引导读者走近少数民族，聆听他们的古老传说，感受他们的发展变化，加深彼此的沟通和了解。这套《走近中国少数民族丛书》是面向民族干部和各级干部通览我国少数民族概况的普及读本，也是图书馆的必备藏书。

《走近中国少数民族丛书》所揭示的每一个民族的历史，都承载着这个民族的文化，也承载着这个民族的发展和未来。中华大地孕育的55个少数民族多彩斑斓的民族文化，同汉族文化一道从远古走到今天，汇入了中华文化壮阔的历史长河。“共同团结奋斗，共同繁荣发展”，保护、传承和弘扬少数民族优秀文化，不仅是推动我国民族团结进步事业的重要内容，也是构建和谐社会、实现中华民族伟大复兴的中国梦的重要使命。期待通过《走近中国少数民族丛书》，使广大读者徜徉于少数民族多彩风情的同时，更加深刻地了解和认知中华民族多元一体的文化内涵，感受中华民族悠久历史的深远与厚重。

丹珠昂奔

2014年6月26日

前言

俄罗斯族 爱国、尚武、坚贞、果敢的民族

俄罗斯族是中华民族大家庭56个民族中的一员，有着悠久的历史、灿烂的文化和光荣的革命传统。俄罗斯族的历史是中华民族不可分割的组成部分，俄罗斯族的文化是华夏文明中的璀璨明珠。

“俄罗斯”一词，源自于欧洲古代斯拉夫人的部落名称——罗斯，又称波梁人。古代斯拉夫部落居住在易北河至顿涅茨河流域、奥书河和伏尔加河、波罗的海沿岸到多瑙河及下多瑙河即黑海之间的广大地区。俄罗斯族最早可追溯到17世纪前半期，后沙俄对我国黑龙江地区不断派兵侵扰，并与清朝发生冲突。清朝的官方文书中称他们为“罗刹”，这是俄罗斯族祖先“罗斯”的同音异译。

俄罗斯族在中国是一个人口较少民族，居住在我国同俄罗斯接壤的三个省区内——新疆维吾尔自治区、内蒙古自治区、黑龙江省。从俄罗斯族人口的地域分布上看，其特点是大分散、小集中。俄罗斯族人口分布较多的是新疆维吾尔自治区和内蒙古自治区。据2000年第五次全国人口普查统计，俄罗斯族总人口全国共有15 609人，其中新疆维吾尔自治区有8 935人，内蒙古自治区有5 020人，黑龙江省有265人。

俄罗斯族人种的基本特征为浅色皮肤，柔软的波状发，男子胡须和体毛发达，鼻梁窄且高高隆起，唇薄，直颌，面部轮廓清晰，身材中等或中等以上。俄罗斯族大多既有欧罗巴人种的血统，又有黄种人的特征。他们一般兼通多种语言，一些俄罗斯族人除了掌握和使用俄语外，还精通汉语以及其他少数民族语言。他们使用俄文，但一般以汉语和汉文为社交语言和通用文字。他们除了有俄罗斯式姓名外，大多数还都有汉族式姓名。俄罗斯族大多信仰东正教，东正教是基督教的三大教派之一，少数俄罗斯族信仰基督教的其他教派。俄罗斯族的民间传统节日大多数与东正教有关，如圣诞节、洗礼节、谢肉节等。随着时代的发展，俄罗斯族的民间传统节日也添加了汉族的春节、元宵节、中秋节等传统节日。俄罗斯族都有一个明确的观念，认定自己的祖国是中国，自己是中华民族大家庭中的一个成员。他们热爱中国，并以主人翁的姿态，为祖国的繁荣富强，贡献着自己的智慧和力量。

俄罗斯族是一个十分特殊的民族，其民族精神是一个内涵非常丰富的概念，它包括了爱国主义精神，好战尚武精神，集体主义至上的价值取向，坚贞不屈和坚忍不拔的精神，直觉主义的思维方式，唯美主义的艺术气质等内容。俄罗斯族人民在漫长的历史长河中，创造了自己富有特色的物质和精神文化。同时，俄罗斯族有着一部起伏跌宕、徘徊于东西方文明之间的历史和一个对俄罗斯族文化的起源和发展起着奠基作用的民族精神，因而俄罗斯族是一个拥有着悠久历史和独特文化传统的伟大民族。俄罗斯族是热爱生活、热爱和平，而又崇尚勤劳、勇敢、智慧的民族，他们生活的自然环境，让他们形成了互相帮助、共同克服困难的精神。早年移居中国的俄罗斯族人，在荒僻寒冷的陌生环境中，破土盖房，开垦饲养，饱尝了生活的艰辛，从而磨炼了他们顽强生存的意志和吃苦耐劳的品格，以非凡的勇气承担了生活的重担。这些俄罗斯族的崇高牺牲精神，深深地刻在华夏儿女的记忆之中。

俄罗斯族经历了中华民族的共同历史命运。在20世纪初的历史洪流席卷下，漂泊到中国的俄罗斯人，为推翻封建腐败政权，制止地方军阀混战，消除民族仇杀，稳定社会秩序做出了艰苦卓绝的贡献。许多归化军和苏联红军官兵英勇牺牲。他们同各族人民一起英勇奋战，用鲜血和生命在中国近代史上谱写了光辉的一页，为祖国的和平解放做出了自己的贡献，从而提高了俄罗斯族在社会上的地位，赢得了各族人民对俄罗斯族的尊重和爱护。一个漂泊到外域的族群，把鲜血洒在新的家园，把生命献给异国他乡，和当地各族人民的命运融合为一体，他们自然而然地成为新土地的主人、新国家的公民。在中国共产党的正确领导下，俄罗斯族人民将会以自己顽强的精神同各族人民一道并肩前进，一起进入新时代，谱写和创造出更加丰富多彩、辉煌壮丽的历史新篇章。

《走近中国少数民族丛书·俄罗斯族》一书，在广泛借鉴、汲取前人研究成果的基础上，选择以新疆塔城、伊犁和内蒙古额尔古纳市室韦俄罗斯民族乡为主要考察地，采用文献资料和实地调查相结合的研究方法，对中国俄罗斯族的民俗文化进行综合考察和系统梳理。尽可能全面而客观地介绍中国俄罗斯民族的各个方面，其中包括历史、宗教、民俗、经济、语言、文学、艺术、建筑、教育、科技、医疗和体育竞技，尤其是俄罗斯族的民族精神、人生礼仪、文化伦理思想和现代化进程等内容。为了使本书更加具有科学性和准确性，我翻阅了大量的中文和俄文的有关俄罗斯族的文献、著作及有关资料，力求笔墨生动，图文并茂，创意新颖。如有关家庭礼仪、取名习俗、婚姻习俗、节庆习俗等社会文化的介绍，使读者在趣读中增长知识，引发想象。总之，这是一套反映中国俄罗斯民族历史文化知识的普及性读物。

《走近中国少数民族丛书·俄罗斯族》一书主题鲜明，彰显“中华民族多元一体和而不同”的理念，执着追求：充分展示俄罗斯族丰富多彩的文化；全面探寻俄罗斯族波澜起伏的历史轨迹；深刻解读俄罗斯族自强不息的精神气质；真切反映俄罗斯族生机勃勃的发展前景。在尊重历史的基础上，以新的视角挖掘民族文化的题材，提炼民族文化的丰厚资源，使之脉络清晰，连贯自然，富有时代感。让您感受这个伟大而又充满神秘色彩的民族，领略他们独特文化的璀璨风情。

历史是一面镜子，文化是精神，是脊梁。通过大量阅读和深刻领悟中华民族的形成与发展，对于进一步激发爱国热情，坚定爱国信念，献身爱国事业，增强中华民族的认同感、凝聚力，对国家的长治久安，民族的伟大复兴，是十分必要的，也是十分有意义的。希望这套丛书能够给读者呈现出55个少数民族丰富多彩、波澜壮阔的美丽画卷。

目录

第一章
俄罗斯族概况

俄罗斯族，源自于欧洲古代斯拉夫人的部落。在漫漫的历史长河中以自己宽广的胸怀，善良的美德，团结友爱、勇敢刚毅的品质和挚爱和平的情感在祖国大地上，同各族人民一起谱写出了一篇篇光辉的史诗。他们的根深深地扎在中华大地，他们的血脉浓浓地融入中华民族。

欧洲古代
斯拉夫人
——罗斯人

族名与来源

俄罗斯族是我国少数民族中人口较少的民族，为欧罗巴人种，其语言俄罗斯语属于印欧语系斯拉夫语支，是国际通用语言之一。俄罗斯语分为南北两个分支，中国俄罗斯族使用的俄语属南部方言，但由于受汉语及其他少数民族语言的影响，在语音和词汇上形成了自己的一些特点。

俄罗斯一词源自于欧洲古代斯拉夫人的部落名称——罗斯，又称波梁人。古代斯拉夫部落居住在从易北河到顿涅茨河、奥书河和上伏尔加河流域，波罗的海沿岸到中多瑙河及下多瑙河即黑海之间的广大地区。为数众多的斯拉夫部落后来形成了两大集团：一是东方斯拉夫人；二是西方斯拉夫人和南方斯拉夫人。向东迁移的东斯拉夫人是俄罗斯人、乌克兰人、白俄罗斯人的共同祖先。

中国的俄罗斯族最早可追溯到17世纪前半期，后沙俄对我国

知识链接 古代俄罗斯人居住在德尼斯脱河、第聂伯河及黑海沿岸，他们用木头做墙建房，也有用树枝、芦苇、泥巴筑墙建屋的，并且在住房四周挖沟渠，以此来防止野兽袭击及虫蛇的侵害。主要从事农业、牧业、捕鱼、打猎及简单的手工业。

黑龙江地区不断派兵侵扰，清朝的官方文书中称他们为“罗刹”，这是俄罗斯族祖先罗斯的同音异译。18世纪后期，大批俄罗斯人迁入我国，尤其是在19世纪末和俄国十月革命前后，更多的俄罗斯人从西伯利亚等地涌入我国新疆北部地区。那时他们被称为“归化族”，他们聚居的村落被称为“归化村”。中华人民共和国成立后，人民政府应俄罗斯族人民的要求，废除了“归化族”名称，恢复了俄罗斯族本名。这些俄罗斯族和我国各族人民长期生活在一起，与汉族互相通婚，不断接受中国社会和中国文化的影响，在相貌体型、思想意识、风俗习惯等方面都发生了很大变化，从而逐渐形成了具有中国特色的俄罗斯族。

中国的俄罗斯族主要分布在新疆维吾尔自治区的伊犁、塔城、阿勒泰和内蒙古自治区的额尔古纳市等地。大多数人信仰东正教，也有少数人信仰基督教的其他教派。

知识链接 **俄罗斯族人种的基本特征** 浅色皮肤，柔软的波状发，男子胡须和体毛发达，鼻梁窄且高高隆起，唇薄，直颌，面部轮廓清晰，身材中等或中等以上。但俄罗斯人还有自己的特点：北部俄罗斯人属欧罗巴人种中的白海——波罗的海类型，身材中等，头型较长，鼻子高突，鼻梁呈直形或凹形，头发和眼珠色浅。南方俄罗斯人属欧罗巴人种中的中欧类型（或称阿尔卑斯类型），身材中等或中等以上，头型宽短，脸宽，鼻高且大，发色淡黄并呈波状。

中国的俄罗斯族大多既有欧罗巴人种的血统，又有黄种人的特征。他们一般兼通多种语言，一些俄罗斯族人除了掌握和使用俄语外，还精通汉语以及其他少数民族语言。他们使用俄文，一般以汉语和汉文为社交语言和通用文字；他们除了有俄罗斯式姓名外，大多数还都有汉族式姓名。中国俄罗斯族人都有一个明确的观念，认定自己的祖国是中国，自己是中华民族大家庭中的一个成员。他们热爱中国，并以主人翁的姿态，为祖国的繁荣富强，贡献着自己的智慧和力量。

古代俄罗斯人形象

人口与分布

俄罗斯族是中华民族大家庭中56个民族的一员，据2000年第五次全国人口普查统计，俄罗斯族共有15 609人，他们主要居住在我国同俄罗斯接壤的三个省区内。分布于新疆维吾尔自治区境内有8 935人，占全国俄罗斯族总人口的57.24%；内蒙古自治区境内有5 020人，占全国俄罗斯族总人口的32.16%；黑龙江省境内有265人，占全国俄罗斯族人口的1.70%。

从俄罗斯族人口的地域分布上看，其特点是大分散、小集中。但是俄罗斯族人口分布较多的只有新疆维吾尔自治区和内蒙古自治区。

俄罗斯族在散居省（市、自治区）人口分布

（单位：人）

地区	人数	地区	人数	地区	人数	地区	人数
黑龙江	265	安徽	22	广西	15	青海	48
北京	216	福建	13	海南	14	宁夏	21
天津	60	山西	8	重庆	12	江苏	67
河北	102	江西	4	四川	48	浙江	21
辽宁	150	山东	68	贵州	31	湖南	25
吉林	64	河南	54	云南	32		
上海	76	湖北	26	西藏	20		
甘肃	55	陕西	69	广东	50		

新疆维吾尔自治区境内的俄罗斯族人口分布在全疆16个地州市。新疆塔城地区俄罗斯族人口最多，占新疆俄罗斯族人口的 32.99%；乌鲁木齐市占29.13%，伊犁地区占12.39%，昌吉回族自治州占6.82%，克拉玛依市占4.94%，阿勒泰地区占3.97%，石河子市占2.24%。

新疆维吾尔自治区俄罗斯族人口分布

（单位：人）

地区	人数	地区	人数
塔城	2 948	阿克苏	95
乌鲁木齐	2 603	哈密	77
伊犁	1 107	奎屯	72
昌吉回族自治州	609	喀什	68
克拉玛依	441	吐鲁番	38
阿勒泰	355	和田	10
石河子	200	克孜勒苏柯尔克孜自治州	3
巴音郭楞蒙古自治州	176	博尔塔拉蒙古自治州	133

▲

中国俄罗斯族老人

内蒙古自治区俄罗斯族人口分布在全区12个城市。呼伦贝尔市的俄罗斯族人口最多，占全区俄罗斯族人口的 94.44%，呼和浩特市占1.91%，兴安盟占1.33%。

内蒙古自治区俄罗斯族人口分布表

（单位：人）

地区	人数	地区	人数
呼伦贝尔	4 741	通辽	12
呼和浩特	96	锡林郭勒	10
兴安	67	乌兰察布	8
包头	31	巴彦淖尔	12
乌海	14	鄂尔多斯	1
赤峰	18		

2000年，全国俄罗斯族15 609人中，分布在城镇的人口为12 700人，占81.36%，显然高于全国（36.92%）、汉族（38.17%）和少数民族平均（23.36%）的城镇化水平。在全国56个民族中，俄罗斯族城镇化水平最高，处在第一位。

从各省（市、自治区）的俄罗斯族人口的城镇化水平看，只有西藏自治区俄罗斯族城镇化水平最低，仅为25%。在其他省（市、自治区）中，天津、福建、陕西和宁夏的俄罗斯族城镇化水平最高，达到100%；北京、上海、江苏等9省市俄罗斯族城镇化水平在90%以上；河北、山西、新疆等8省区在80%以上；内蒙古、安徽等5省区在70%以上；黑龙江、广西等4省区在50%以上。其中，新疆维吾尔自治区、内蒙古自治区俄罗斯族的城镇化水平分别为83.50%、76.49%。由于这两个自治区俄罗斯族人口数量多，占全国俄罗斯族人口比重大，其城镇化水平直接决定了中国俄罗斯族的城镇化水平。

迁居中国

中国的俄罗斯族并非中国的土著民族，而是从俄罗斯迁移到中国的。俄罗斯人最早移民中国是在元代。当时，作为元帝国首都的大都（今北京）就有俄罗斯人居住。《元史》中有两处有关俄罗斯人生活在大都的记载，《元史》中“俄罗斯”这个词的汉字记音是“斡罗思”。但是，这部分移民中国的俄罗斯人与我们现在所说的俄罗斯人没有关系，因为他们并没有作为一个独立的族群延续下来，而是融入汉族和蒙古族中。

中国俄罗斯族的来源与历史发展

俄罗斯人最早定居中国的时间出现在1681年。当时，莫斯科公国的统治者合并了许多分裂割据的公国，开始兴盛起来。1547年，伊凡四世自称“沙皇”，在俄国确立了军事封建专制统治。为了掠夺更多的土地，征服更多的人民，沙皇大肆扩张领土。

1859年，沙俄时期的俄罗斯平民

黑龙江
将军府

1650年，俄国沙皇开始将魔爪伸向我国黑龙江地区。在哈巴罗夫的率领下，侵略了我国达斡尔族等在黑龙江北建立的雅克萨城。这一年中国与俄国之间爆发了一场战争，即雅克萨战役。1658年，清兵打败沙俄侵略者，收复了雅克萨城。

1668年，驻守雅克萨城的士兵伊凡等部分移民不堪忍受沙俄残暴统治，逃亡清朝，被安置在京师。次年清军派伊凡等人进入俄罗斯移民驻地，诏谕米哈伊洛夫等21人归顺清朝。后来这些人也被安置在北京。这些归顺清朝的俄罗斯人，曾被多次派往前线，在黑龙江将军和宁古塔将军的统帅下，与沙俄侵略军开展斗争，屡立功勋。伊凡等人还被清朝赋予“骁骑校”的军职。

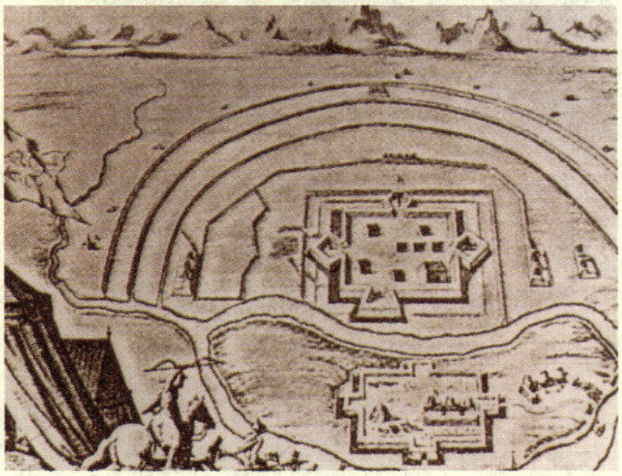

《雅克萨围攻图》

1683年，窜入精奇里江口的一批沙俄士兵，经过清军招降，其中31人情愿归顺清朝。康熙皇帝指令将他们送到北京安置，其中，吉里郭立、鄂佛那西、马克西木等人还被赏七品官衔。

从17世纪中叶起，被安置在北京的俄罗斯俘虏共计3批99人。因不堪忍受沙俄残暴统治，伍朗格里等一部分被俘虏士兵和百姓投奔清朝。康熙皇帝鉴于他们多次立功，为了能使他们彼此相依为命共同生活在一起，特此破例优待，清朝政府将他们大部分分成5批送往北京，集中居住在北京东直门内的胡家园胡同里，并被编入八旗组织，设俄罗斯佐领，将他们编入满洲镶黄旗，归满营都统管辖，与八旗士兵享受同等待遇，成丁的月薪为三两银子，未成丁的男孩儿减半，每年按四季发放禄米。男孩儿成丁，必须练习骑射，通过考试合格者，才能正式成为俄罗斯佐领属下兵丁，领取正分禄米。第四参领第十七佐领属下的兵丁，驻地在东直门内的胡家园胡同，即今天俄罗斯驻中国大使馆所在地。辛亥革命之后，清朝统治结束，俄罗斯人俸禄米被裁撤，开始各自谋生，自食其力。第一任俄罗斯佐领正是那个最早归服清朝的伍朗格里。

20世纪30年代俄罗斯家庭

1727年，中俄两国签订《恰克图条约》，从而开辟了从北京经张家口、库伦（今乌兰巴托）到伊尔库茨克的中俄贸易通道，因这条商道主要用于运送俄罗斯人和欧洲人所需的茶叶，所以称“茶叶之路”。此后，在中俄两国商人进行交易的张家口开始出现俄罗斯常住人口，而在茶叶的集散地和生产地汉口也开始出现俄罗斯常住人口。

大约在18世纪初至第二次世界大战前后，沙皇俄国在西伯利亚地区的统治地位逐渐得到巩固，东正教实力也随之扩大和加强，这导致原居住于阿尔泰北部的吉尔加克人再次受到沙皇政府和东正教廷的歧视和迫害，他们分4批逃入中国新疆境内。吉尔加克是俄罗斯族的一支，信仰旧教，被称为吉尔加克人。吉尔加克人因信仰东正教旧教受到东正教正统派的迫害而避居阿尔泰山北部的山林。1830年，吉尔加克人派代表去见中国新疆阿勒泰地区的哈萨克族台吉喀喇乌斯曼，请求到当地避难。喀喇乌斯曼在布尔津的红木、冲呼尔两地划出避难居住地，让他们定居下来，并约法三章：

1. 住区划定后，不得随意迁移。
2. 每年要向科布多参赞大臣缴纳贡赋一次。
3. 从事放牧、耕种、打猎、养蜂正当职业。

这些定居在中国的俄罗斯人口有了较大的发展，由最初的500多人，增加到800余户4 000多人，因而又在喀纳斯和海溜滩开辟了两个居民点。

1843年，吉尔加克人一部分迁到伊犁的山区及新源、巩留、尼勒克、特克斯等县山区居住。1864年又有160名吉尔加克人骑马越境进入罗布泊地区，在此定居下来，以耕种、渔猎为主；19世纪末20世纪初，还有小部分旧教徒继续跨越中俄边境进入中国领土，定居在阿勒泰山地区承化寺（今阿勒泰市）附近。据1943

20世纪50年代塔城俄罗斯家庭宴会合影

年统计，阿勒泰地区的布尔津县、哈巴河县共有吉尔加克人295户1 200余人。20世纪20年代，吉尔加克人大都迁居美国、巴西和澳大利亚。

1851年8月6日，俄国政府利用不平等手段，沙俄驻华公使连续几年软硬兼施的强求下，伊犁将军奕山和沙俄代表科瓦列夫斯基分别代表清政府与俄国签订了不平等的《中俄伊犁、塔尔巴哈台通商章程》。该章程规定，俄国可以在中国新疆伊犁、塔城两地设立贸易圈，先后在伊犁、塔城、乌鲁木齐等地设立了贸易圈，并在贸易圈内建造住房、仓库、教堂和学校等，致使大批沙俄商人纷纷涌入伊犁、塔城、乌鲁木齐等地。

清代设置的塔尔巴哈台，是中央政府直辖的特别行政区，其区境西北至斋桑泊和阿亚古斯河流域，面积约21万平方公里。其军政中心塔尔巴哈台绥靖城原地名楚呼楚。塔尔巴哈台绥靖城是一个蒙汉合璧的名称，后来简化，取首尾二字，遂成了塔城。这里群山环绕，土肥草荣，雨水丰沛，宜农宜牧，道路平坦，四通八达，是行旅通商的优良门户。此后，俄罗斯人除在贸易圈内经商外，也开始移民这两座城市以外的中国乡村。十月革命后，这

知识链接 《中俄伊犁、塔尔巴哈台通商章程》主要内容

1. 俄国单方面设立领事。伊犁、塔尔巴哈台（塔城）开放通商后，俄国可在此两处设置管贸易之匡苏勒（领事）。

2. 免税贸易。伊犁、塔尔巴哈台两处通商，彼此两不抽税。由于华商未进入俄境内贸易，因此这一规定只是俄商在中国伊犁、塔尔巴哈台享受免税贸易。

3. 单方面领事裁判权。在伊犁、塔尔巴哈台两地，中俄商民遇有争斗小事，由两方贸易官员协商解决。在伊犁、塔尔巴哈台贸易的俄国商人犯罪，由俄领事裁判，不受中国法律制裁。

4. 设立贸易圈。条约中规定“俄罗斯商人前来贸易、存货、住宿所需的房屋，即伊犁、塔尔巴哈台贸易亭（商站）就近由中国指定一区，俄罗斯人自行盖造，以便住人存货”。贸易圈实际上成为沙俄的租界地。贸易圈内的事务由俄国领事掌管，不受中国法律约束。贸易圈在后来俄罗斯人移居新疆的过程中起到了重要作用。塔尔巴哈台划定的贸易圈大体位置在今天塔城市东到泉水衔，南至和平商业街北端，西到红楼，北至现市委高地之间的区域。

5. 俄商的骑驮和牲畜，即在指定草场放牧；俄商病故者，指定旷地，准其埋葬。

些商人中除少数返回苏联外，大多数留居在中国，并加入中国国籍，成为中国的俄罗斯族。

俄罗斯族一家人

1858年中俄《瑷珲条约》签订。该条约第二款规定：“两国所属之人互相取和，乌苏里、黑龙江、松花江居住两国所属之人，令其一同交易。”此后，沿黑龙江和乌苏里江，两国民间贸易发展迅速，在这两条江的一侧，特别是作为条约签署地的黑龙江黑河经常能见到俄国商人的身影。

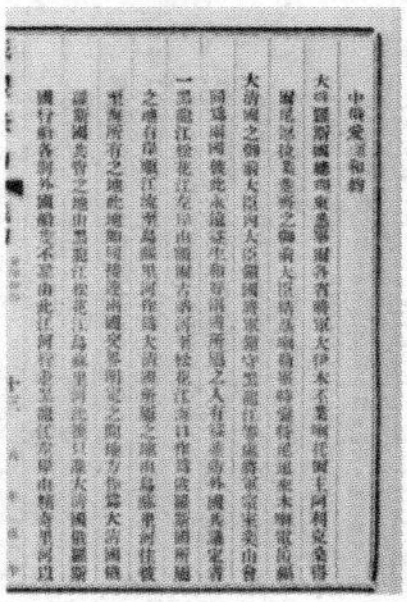

《瑷珲条约》局部

1871年，沙俄乘浩罕阿古柏入侵南疆、清朝在新疆的统治陷入瘫痪之际，悍然出兵侵占了伊犁河谷，并将大批俄罗斯人迁居伊犁，开展半军事性的垦殖长达10年之久。1881年中俄《伊犁条约》签订后，我国虽然收回了伊犁，但一部分俄罗斯商人和移民仍然留在了当地。根据中俄《伊犁条约》的规定，沙俄在喀什和乌鲁木齐增设了领事馆，大批沙俄商人和移民又流入这两个地区，散居在这里的俄罗斯商人和移民也不少。

1882年，鄂伦春族猎人在黑龙江上游漠河一段右岸为母亲挖掘墓穴时无意中发现大量沙金。闻此消息后，俄国人大量进入中国额尔古纳河下游右岸和黑龙江上游右岸（今呼伦贝尔市）开采金矿，每年达15 000人。当时正是中国近代史上最大的移民运动“闯关东”的高潮

19世纪末在华俄商

时期，很多来自中国山海关以南各省的单身男子被在这里开采金矿的俄国资本家招为雇工。后来这些人一部分娶俄国女子为妻，从而出现第一批中俄混血人；另有一些人越过中俄两国界河进入俄境。还有人从山东乘船直接抵达俄远东港口城市符拉迪沃斯托克（海参崴）。这些进入俄国的中国人中有一部分后来也娶俄国女子为妻，所生子女亦为中俄混血人。1900年义和团运动爆发，沙俄军队借机沿东北边境大举入侵中国，捣毁中国卡伦，造成中国边境失防。他们在额尔古纳河南岸大肆采金、垦荒、放牧，截至1907年时，仅额尔古纳右旗一地就有俄罗斯人1 000余户，将近5 000人，其中大部分俄罗斯人便长期居住下来。

1897年，在中东铁路建设和运行期间，有大批俄国勘测设计人员、工程技术人员以及铁路工人先后进入中东铁路沿线一带，跟随他们进来的还有商人和手工业者。1903年该铁路全线建成通车。此后，俄国人纷纷移民该铁路沿线各地，尤其是作为这条丁字形铁路枢纽城市的哈尔滨。根据《中东铁路历史概况》一书记载：1907年中东铁路西线在内蒙古呼伦贝尔盟境内的俄罗斯人就有15 790人，甚至还有不少人从额尔古纳河俄方一侧越境进入中方额尔古纳右旗境内定居。

1917年俄国爆发十月革命，俄国人掀起大规模移民中国的浪潮。除东北、新疆外，上海、天津等沿海城市也聚集了数以万计的俄国人。移民中国的俄国人中的适龄女子后来有一部分与中国男子结婚，从而产生了第二批中俄混血人。而先前移民新疆的俄国人在十月革命后也有人与中国人通婚。此外，一部分出生在俄国的中俄混血人在十月革命后随他们的汉族父亲和俄罗斯母亲移民中国。十月革命后生活在俄国外贝加尔地区的布里亚特人（蒙古族的一支）和通古斯人（鄂温克族）中的一部分也移民中国，随他们一同来中国的也有个别俄罗斯人。这些俄罗斯人后来均与布里亚特人和通古斯人通婚，从而产生出另外两种中俄混血人。

第二次世界大战中，苏联和日本成为交战国。苏联政府在加强远东军事力量的同时，实施“清边政策”。鉴于苏联军警很难分别辨认相貌相似的中国华侨、日本间谍和伪满汉奸特务，苏联政府对生活在远东地区的华人及其俄罗斯妻子采取了不信任、歧视政策。同时，苏联政府一刀切，于是这一时期有大批华人携其俄罗斯妻子及中俄混血子女回到中国。今天生活在新疆的俄罗斯族绝大多数都是这批人的后代。根据中苏两国政府达成的有关协议，1954—1955年，生活在中国的俄罗斯侨民大规模离开中国，回到苏联，或移民西方其他国家。此后，那些留在中国的俄侨也陆续离开中国，到1964年俄侨聚居的内蒙古额尔古纳右旗只剩下俄侨1户共5人。在50年代的迁侨运动中，生活在新疆的吉尔加克人大部分移民澳大利亚。此后，生活在中国的具有俄罗斯血统的人的主体不再是纯血统的俄罗斯人（俄侨），而是中俄混血人。1978年中国实行对外开放政策后，一部分生活在中国的中俄混血人投靠亲友移民澳大利亚。

俄罗斯族“中国化”的历史进程

生活在中国的具有俄罗斯血统的人分两部分：一部分是纯血统的俄罗斯人，一部分是中俄混血人。对于中俄混血人不存在加入中国国籍的问题，因为出生在中国的中俄混血人本来就拥有中国国籍，而出生在俄罗斯的中俄混血人则是以华侨的身份移民中国的。因此，这个问题只存在于那些纯血统的俄罗斯人身上，因为他们拥有俄国国籍或没有国籍，是侨居中国的俄国侨民。

加入中国国籍的苏联家庭

1933年，盛世才主政新疆。由俄罗斯人组成的“归化军”，在推翻金树仁统治的

▲

"归化族"

政变中起过重要作用，在击溃甘肃回族军阀马仲英和马赫英时不怕牺牲、骁勇善战，为保持新疆的稳定、巩固盛世才统治做出了特别贡献，新疆当局提高了他们的社会地位，他们为俄罗斯族争得了荣誉。还由于盛世才初上台，发表"亲苏""民平"等六大政策，争取苏联的支持，标榜各民族一律平等。于是，在盛世才上台不久的1934年，新疆召开了第一次民众代表大会，俄罗斯族以"归化族"的名义出席了会议。1935年，新疆召开第二次民众代表大会，大会上对新疆各民族的划分和称谓做了具体规定，并通过了相应的决议案，加入中国国籍的俄罗斯人获得正式的族称"归化族"。俄罗斯族以"归化族"的名义，正式成为新疆的13个世居民族之一。

1953年在全国第一次人口普查时，自报登记的族称多达400余种。这一年，在这些自报登记的族称中共确认了38个族称，这其中就包括"俄罗斯族"。黄光学主编的《中国的民族识别》一书中说："在新疆的民族识别工作中，对新中国建立前强加于俄罗斯人带有侮蔑性的称呼'归化族'，正名为俄罗斯族……"在同一本书中，作者又说："'归化族'原本是俄罗斯族……人民政府为贯彻民族平等政策，消除民族歧视，便恢复了他们的原来族名，改称俄罗斯族。”

1978年改革开放后，党和政府认真落实《中华人民共和国民族区域自治法》和民族政策，根据俄罗斯族人民的意愿和要求，在内蒙古自治区呼伦贝尔市的额尔古纳市建立了全国唯一的俄罗斯民族乡——室韦俄罗斯民族乡。原俄罗斯民族乡政府所在地是恩和，1948年民主建政时期，恩和建立了工会组织；1956年10月建恩和乡；1994年经内蒙古自治区民政厅的批准，成立恩和俄罗斯民族乡；2001年4月16日经内蒙古自治区民政厅批准，恩和乡和室韦镇合并成立室韦俄罗斯民族乡。

个体工商户营业执照

第二章
经济生活

劳动和创造，是俄罗斯族倡导的美德和生活方式。俄罗斯族向往在生活中开拓创新，用智慧创造富足的生活和社会的进步。

勤劳、善良、俭朴和热爱生活的俄罗斯族妇女

俄罗斯族是一个勤劳俭朴、富有才智的民族，由于种种历史的原因，他们迁居到中国定居下来，用自己勤劳的双手编织着美好的生活。新中国成立前，俄罗斯人除了阶段性地服务于军队，或在政府部门任职外，多数人从事的职业是农业、手工业、运输业，少数人经商、从医、从教，另外还有从事捕鱼、养鹿、养蜂、狩猎等副业。

农业

俄罗斯族农民主要种植的农作物有小麦、燕麦、玉米、油菜、苜蓿、向日葵等。小麦是俄罗斯族农民主要外售的粮食作物和家庭的口粮。燕麦是用来喂役马的，玉米一般用来喂牛羊等牲畜。菜籽和葵花籽是榨油的原料。

俄罗斯族种植蔬菜的种类不多，主要有：卷心菜、马铃薯、胡萝卜、莴笋、洋葱、黄瓜、小萝卜、大萝卜、红心甜菜、西红柿等。这些蔬菜一般生吃、腌泡和做汤用。

果园里有各种果树，如苹果树、梨树、杏树、桃树、樱桃树、树莓等，还有大量的草莓。这些果实成熟后，除了生吃外，还用来做成各种果酱储存起来，一年四季都可以吃。吃果

俄罗斯族农民耕地

牧场

农场

酱不仅是俄罗斯族的生活嗜好，而且是他们补充维生素的一个重要途径。

饲养业

俄罗斯族农牧民每家养的马都不少于两匹，马主要是用来种地和运输的。俄罗斯人对马非常爱护，一年四季都给马加料。俄罗斯族喂马用燕麦，而不用大麦和玉米，因为后者很容易引起马蹄肿胀。马是农户的朋友和助手，所以俄罗斯族农民精心照料它，每天还要给它洗刷毛皮，保持马厩地面清洁干燥。即使在战争年代，战士们宁肯自己饿死，也舍不得杀自己的战马充饥。由于俄罗斯人和马的这种特殊关系和感情，所以俄罗斯族禁食马肉。

饲养家畜

牛是俄罗斯族乡村家庭中不可缺少的家畜，尤其是乳牛为全家人提供牛奶和奶制品。俄罗斯族俗话说："奶牛在院，餐桌丰满。"家里没有奶牛对俄罗斯人来说是不可思议的事。每户都养羊，主要是为吃肉和取羊毛。羊毛是俄罗斯族女性织毛衣、毛

俄罗斯族牧民

饲养家禽的俄罗斯族姑娘

袜、毛手套等的原料。俄罗斯族没有养几百只羊的习惯。

俄罗斯族家家必养的猪、牛、羊。牛、羊除冬季外，一般都是放牧的。各家的牛羊集中起来，由村里的放牧者每天一早赶到牧场，晚上赶回来。每头牛羊都有一定的放牧报酬。猪则另外分群放牧，放牧者也是按猪的头数收取报酬的。猪、牛、羊晚上回来都知道自己的“家”，各回各农家院里。因此，俄罗斯族有“牧有牧人，畜必成群”的谚语。

俄罗斯族家庭还喜欢养鸡、养鹅。养鸡为取蛋，用鸡蛋换回日用品或自家吃，鸡毛则是俄罗斯人被子、褥子、枕头的填充物。鹅取食很杂，好养，还可生蛋，鹅毛也可利用，鹅肉则是圣诞节的佳肴。

养鹿

养鹿业最初是从俄罗斯族的狩猎发展而来的。他们主要猎取的对象是野猪，其次是马鹿。打野猪是为了冬季的肉食，而打马鹿是为了拿鹿茸换钱。一开始他们的办法也很原始，是靠打马鹿

饲养鹿

获取鹿茸，这样既减少了马鹿数量，又破坏了生态平衡，因而受到了政府的禁止。因此俄罗斯族转而采用了家养马鹿的方法。

这种家庭养鹿取鹿茸的办法是俄罗斯族叶菲莫夫首创的，在他的带动下，新疆伊犁地区、阿勒泰地区的家庭养鹿（户）普遍发展起来了。而且除了鹿茸外，鹿胎、鹿肝、鹿肾、鹿鞭、鹿筋、鹿血等都是贵重的中药，家庭养鹿的农牧民也因而脱贫致富，过上了富裕的生活。

养蜂

清朝末年，随着俄罗斯人的迁居，带来了养蜂和取蜜的技术，使养蜂业得以推广、发展。20世纪30年代前后，随着大批俄罗斯人的迁入，养蜂的人数不断增加，有的人家开始把养蜂作为主业了。他们利用当地丰富的自然资源，不断总结经验，改进取蜜技术。利用不同的花期，不同的蜜源植物，用高加索黑蜂和当地野生蜂进行繁育，使蜜蜂酿出色、香、味不同的蜂

早期俄罗斯养蜂人

蜜来，一部分自己食用，一部分拿出去销售，从而培育出了高产优质的蜜蜂良种——伊犁黑蜂。优质的蜂蜜不但深受新疆各族人民所喜爱，自给有余，而且销至国内外，闻名于世。

▲

蜂蜜

手工业

俄罗斯族最初迁居我国，一无房屋，二无土地，只有灵巧的双手。为了养家糊口，他们自然而然地操起了自己熟练的技术活儿。

俄罗斯族工匠对凿石磨（磨盘）有其独特的技术和丰富的经验。俄罗斯人凿制的磨盘以石质坚硬、纹路细密而闻名，所以当时开磨坊的坊主们都愿意买他们的石磨。俄罗斯族工匠高超的技艺，对水磨进行的改造一方面提高了磨面的速度，另一方面改进了罗面装置。

俄罗斯族手工甜点 ▶

俄罗斯族开的列巴店不仅烤制合列布，还烤制俄式果酱派“比罗哥”、奶油小面包“布拉其给”，不仅俄罗斯人买，其他民族的人也喜欢买。目前，全国很多地方都有俄罗斯族列巴店，这一古老的俄罗斯族传统食品已走进我国人民的生活。

俄罗斯族用粗羊毛拼制的一种全毛冬季防寒靴具，俄语叫作“皮美”。毡靴俗称毡筒，由于毡靴成形后比较硬，靴筒高及膝下，为穿脱方便靴筒上下一般粗，像铁皮烟筒，所以俗称毡筒。毡靴适于在雪地上行走，因为雪对毡子的磨损较小。毡靴看起来确实笨拙，但穿起来暖和、轻便。过去新疆北部的冬季很冷，住在阿勒泰、伊犁、塔城甚至乌鲁木齐的俄罗斯族和其他少数民族，冬季都穿皮美，尤其冬季在山里打猎的猎人，赶马车、驾雪橇的车夫都穿皮美。皮美比较便宜，所以深受农牧民的喜爱。后来，俄罗斯族制作毡靴的技术传给了当地各民族。

俄罗斯人用化学药品和先进工具加工出的皮子轻巧、美观，还耐磨。他们不仅鞣制羊皮，还鞣制牛皮、马皮等，并且用自己鞣制的牛皮制作长筒皮靴，一时生意很红火。

俄罗斯族工匠用具

因为俄罗斯族男人都穿靴子，从而影响了当地的少数民族，兴起了穿靴热。穿靴热带动了制靴业，一个师傅带好几个徒弟，徒弟不局限于俄罗斯族，也有其他民族的。俄罗斯族工匠用牛皮制作的长筒油皮靴，很有特色，不怕泥水，靴底也是全牛皮的，有防寒隔潮的作用，不易得腿病。另外，俄罗斯族皮匠还用牛皮制作军用马鞍、马车套具等，深受各族人民的欢迎。

俄罗斯族巧匠

俄罗斯族人还经营四轮马车铁匠铺。四轮马车又轻巧，速度又快，当时的需求量很大。制作四轮车，其铁匠活儿占70%，俄罗斯族的铁匠铺和木匠铺门对门开着，一辆四轮马车10天就做好了。新中国成立前后生意都很兴旺，当地其他民族的铁匠们也学会了这种技术。这些铁匠铺现在还修理各种机器、农具等。

生活在农村、牧区、山区的俄罗斯族，他们的交通工具基本上都是四轮马车或雪橇。它们都是用马拉的，或一匹或两三匹，马头上戴的皮革笼头，马背上的小铁鞍子，骑马用的大铁鞍子、皮革马肚带，马屁股上的牵拽皮带、管头、轭、夹板线、皮革缰绳等用具，俄罗斯人都自己制作。其他少数民族也都喜欢用俄罗斯人做的这些工具，所以俄罗斯族的车名和套具名称都被少数民族借用。俄罗斯人制作的套马的皮具，多用牛皮或鹿皮，据说鹿皮比牛皮还好。他们制作的马车套具既轻巧又坚固，各族农牧民都乐于使用。

捕鱼与狩猎

捕鱼

新疆西部有许多河流和湖泊，盛产各种鱼类，是得天独厚的捕鱼基地。定居在伊犁河畔和阿勒泰额尔齐斯河流域的俄罗斯族就操起了捕鱼业。以前，渔民渔业活动只知用钓竿钓，用鱼叉戳，用简单的渔网拉。到了冬季，河面冰封，捕鱼生产就停止了。俄罗斯族来了以后，改进了平底渔船，采用袋网捕鱼，因而开创了在新疆冬季捕鱼的先例。俄罗斯族打鱼的方法主要有两种：拉网和挂网。

捕鱼

拉网，即驾小船把又宽又长的渔网撒向河床，把它整个包起来，然后驾船顺流而下，拉网收获。那时河里鱼很多，拉网就能打几百条大鱼。拉网的网洞大，是专门捕大鱼的，小鱼会从网洞中溜走。这种拉网式的捕鱼方法要三四个人合作才行，打上来的鱼除自家食用外，还拉到集市去卖。

挂网，是一种鱼儿自投罗网的捕鱼方法。在缓水或冬季不流动的水中横着拉起一道网，网是用很细的网线织成的，放进水里后就形成了一道墙，过往的鱼儿很容易将鳍或翅挂在网上，而且越挣扎越被缠紧，不得脱身。

冬季破冰捕鱼

挂网的捕鱼方法特别适用于冬季。冬季，俄罗斯族渔民在冰封的河（湖）面上横着凿十来个冰窟窿，把挂网用木棍穿过冰下的水面，两头固定在水面上。第二天早晨去提网，那些在河中游来游去的鱼儿就会缠挂在网上，成了渔民的“战利品”，取下网上的鱼后，又可按原样把网下到水中。

除了以上两种主要的捕鱼方法，俄罗斯族还有几种独特的捕鱼方法：

用鱼篓捕鱼。此鱼篓是用柳枝编成的海螺状的鱼篓。这种鱼篓要放置在不太深的河里，篓口迎着水流，鱼篓上系一绳，里面放一块石头使其沉入水底。为诱鱼上钩，还要在篓里放上一点油渣，鱼闻到香味，就会顺着柳枝游进去，但游不出来，就成了“篓”中之鱼了。这种“休闲”的捕鱼方法，适于冬、夏季捕鱼。

夏季还可采用一种叫“迷魂阵”的围捕法。即用柳枝编一个宽70厘米左右，长五六米的网排，在河水中拦腰围起来，迎水流的一面先敞开，然后一个人从上游一路往水中撒一些油渣，一直撒到放柳排处，引诱鱼入围，最后把柳排合拢，将围在中间的鱼捕获。

还有一种有趣的捕鱼方法是用鱼叉叉鱼。阿勒泰的俄罗斯族很早就采用了这种方法。夜间在停泊在湖里的船头点上火，火光会把大鲤鱼引来，在船附近游来游去。这时叉鱼能手手持鱼叉，对准鱼背叉下去，将其捕获。这种方法得眼疾手快、有经验的人操作，无经验者是叉不到鱼的。

俄罗斯族在捕鱼的同时，还注意保护和发展渔业资源。他们中不仅有捕鱼能手，而且也有鱼类养殖户。

狩猎

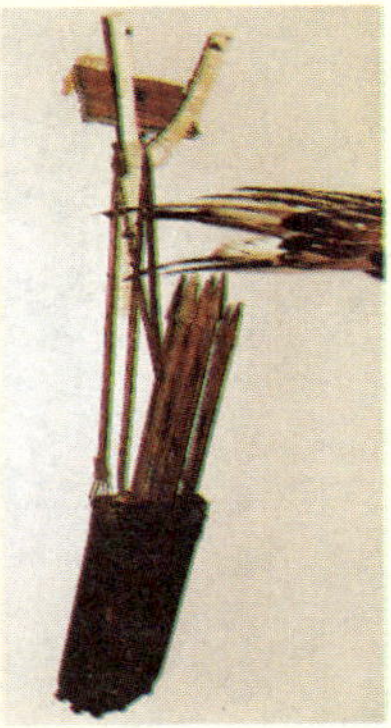

▲
俄罗斯族传统狩猎工具

俄罗斯族人是好猎手，他们狩猎的动物有野猪、黑熊、野兔、野鸭、野鸡、大雁、野鹅等。他们狩猎时严守规则，一般打飞禽严守春秋两季，春天冰雪开始融化，从南方飞回来的候鸟野鸭、大雁等还未下蛋筑巢，因此身体比较肥大，是打猎的最佳时机。打兽类一般都在深秋、初冬季节。

冬季捕鱼 ▶

居住

俄罗斯族是一个心灵手巧的民族，其民间工艺十分丰富发达，极有艺术性和民族风格。俄罗斯人住的多是土木结构的建筑，即外墙的四角和屋顶是用原木搭建的框架。住房比较宽敞，有客厅、卧室、餐厅、蒸汽浴室，院落中有厕所及家禽、家畜棚舍。

传统木屋“伊孜巴”

原木屋“伊孜巴”

俄罗斯族原木屋俄语称“伊孜巴”，是俄罗斯族的传统住房。俄罗斯人就地取材，从森林中砍来足够的原木，削去枝杈备用。原木屋的地基是用石头砌成的，高一米左右，地基上再用横着的松树原木一根一根固定起来搭成墙。原木屋的地是用木板拼的，木板钉在原木做的龙骨上，地板下面是空的，有两米多深，是地窖，俄语称“波得瓦勒”。地窖是用来储藏酒、果酱、蔬菜等物品的。原木屋在前院，院内还有其他建筑，如放杂物的侧房，是放粮食、小农具等物品的。另外还有储藏室，储藏室没有别的窗户，只有一个能开能关的天窗。

俄语房间称“克欧木那达”，木屋的外房顶是呈45度的两面斜坡，便于泄水，房顶叫“克里萨”。屋内有木地板和木板拼缝的天花板，天花板和屋顶之间有较高的保温空间，叫“切尔达克”，屋顶是用木板钉的，木板上钉有铁皮保护，多漆成深绿色，是防暑、防寒的隔离层。屋顶斜坡上有通风窗，屋檐有挡水槽。为防止雨水或雪水流下来时冲坏墙壁，在墙角处安装了一个从屋檐连接到地面的铁皮管子，让雨水从管子中流下来。

原木之间的缝隙要用麻絮封住，屋内墙壁上先钉上细木条，

原木屋内饰

后抹上一层泥，这样就既不透风又保暖了。等到泥干了以后，再刷上白石灰。地板每天都要擦洗，墙一年要刷两遍，以保持清洁。屋子的门多为双扇大门，木屋的门叫“得维勒”；窗子也是双扇的，分内外两层，窗户外有两扇护窗板，窗叫“阿克诺”。

门窗一般是向阳或面向大道。木屋的窗户有些特别，它有两层玻璃窗扇，俄语叫“拉玛”。内窗扇是一整扇的，没有合页，在冬季才镶进窗框，形成双层窗扇，起到保暖作用。外层窗户是两扇的，向外开。冬季安上里层窗扇以后，在两层窗扇之间放一些木炭或棉花可吸取它们之间的湿气，然后还要把里层窗框缝用纸条糊上或用布条塞上，使之与外层窗扇空气隔绝，这样冬季窗户玻璃就不会结冰了，而且保持了室内温度。内窗扇是在冬季安装夏季拆除的，夏季拆下来后洗净放在库房里，以备来年再用。俄罗斯式窗户上角都有一个小风窗，叫“佛尔达其卡”，白天打开使屋内空气流通。窗户外还有两扇护窗板，叫“斯达

雕刻精美的俄罗斯族传统木窗

俄罗斯族原木屋及庭院

夫尼”，白天打开通风进光，晚上关闭保温安全。朝外的木窗框上雕刻着装饰图案，房顶飞檐上也雕刻着装饰图案。俄罗斯人喜欢把窗框刷成白色或深褐色，飞檐和门刷成深褐色或蓝色。

房屋内饰

原木屋门外有门廊、台阶，叫“克列措”，门廊两边有护栏，靠护栏处有木条长凳，是夜晚乘凉时坐的地方。俄罗斯人的外房门一般是两扇，进了门有一个小走廊，叫“卡里多尔”，是挂大衣、帽子、脱鞋的地方。再进门就是一个很大的房间了，中央摆着一个大长桌子，是全家人吃饭的地方。周围摆着长凳或方凳，左角挂着布帘，其内放着双人木床，叫“克拉瓦其”。朝东面的墙角中上方挂着圣像，叫“依阔那”。靠窗前有几个大铁皮箱子，叫“苏尼杜克”。这种传统的原木屋是人口少的家庭用的，也有内室为两间甚至三间的木屋，是供大家庭用的，那样就需要在木屋中间安放一个铁炉子生火取暖了。

建造中的
木刻楞房

木刻楞房是俄罗斯族典型的民居，这种房主要是用木头和手斧刻出来的，有棱有角，非常规范、整齐，所以人们就叫它木刻楞房。修建木刻楞房的第一步是要打地基，地基都是石头的，而且要灌上水泥，比较结实。第二步就是盖房，把粗一点的木头放在最底层。一层一层地叠垒。第一层垒完以后，第二层就用特殊材料，第二层压第一层。修建木刻楞房一般情况下不要铁钉，通常都用木钉，先把木头钻个窟窿，然后把木钉钻进去，来回拧动，使之变得牢固。

盖木刻楞房还有一个诀窍就是要垫苔藓。苔藓垫在中间，好处是不透风。冬天天气很冷的情况下，有了苔藓就不会透风，冬天非常暖和，夏天非常凉快。第三步就是要吊花，吊花上面拖板，板上铺泥，泥上铺马粪。马粪铺在屋顶上，一到冬天，整个屋子非常暖和，一点儿不透风。

比较讲究的俄罗斯族人在修建木刻楞房时总爱在房屋前面修一间像走廊一样的房屋。当地人称这个小房屋叫门斗，因为冬天非常寒冷，这门斗起着防风的作用。

木刻楞房盖好以后，可以在外面刷清漆，保护其本色，也可以根据各家各户不同的爱好涂上自己喜欢的颜色。

俄罗斯族的传统住房都比较宽敞，有客厅、卧室、餐厅等，另外还有专门的厨房。他们房子的取暖设备一般是修建在两间屋子中间墙壁中的圆柱体、包铁皮的大毛炉，俄语叫“坎呢塔尔马尔卡”。和墙壁一样高，直径约1米，内径里的烟道是呈螺旋状的。这种俄式大毛炉只是取暖用的，不做饭。毛炉下方有炉膛、炉条，炉条下是出灰的通道。毛炉既可烧柴，也可烧炭，烟舌是沿着螺旋形的烟道从屋顶的烟囱出去的。这样设计是为了烟火在炉壁内停留时间长一些，把热量保存下来，一般这种俄式毛炉烧一次，可保温一两天。

最引人注目的是右墙角的俄罗斯式大火炉，一般长约2米、高约1.6米、宽约1.3米，俨然是一个庞然大物。俄罗斯式大火炉是用土坯砌的，共分两层，它是用木柴做燃料的；上层是炉膛，是烤面包、做饭的主要地方。炉膛分前膛和后膛，中间有分隔。前膛占整个炉长的二分之一，主要是存放后膛里将要熄灭的木炭的地方，也可烧水。因为此时的木炭无烟，所以不会影响屋内的空气。前膛上面连接着烟囱一直通到屋顶外。后膛叫“波特”，膛顶是拱形的，这里是烧木柴、烤面包的地方。使用时，将适量的木柴堆放在后膛中点燃，并用铁板堵上前膛的门，使黑烟通过烟囱抽到屋外，而不进入室内。等到木柴烧成无烟火炭后，开炉门，用专用的长柄炉钩“卡切尔卡”将红木炭扒到膛内四

传统大火炉

角，为放烤盘做准备。大火炉顶上是平坦的，烧火后热乎乎的，是冬季家里的老人和小孩子过夜的“热炕”。火炉一边有土台阶供上下之用。

俄罗斯式大火炉

火炉下层，也就是炉膛的下面留有空地，一般来说是放锅、炉叉等的地方。冬季寒冷时主妇也会将下蛋的母鸡放在那里过夜，使它们能照常下蛋。住在农村、山区的俄罗斯人除了夏季几个月不使用这个俄式大火炉外，其他时间都使用。

大火炉中烤制面包

俄罗斯族家庭热气浴室

最早俄式大火炉就在俄罗斯族家庭中，它既是烤面包、煮汤、烧水的炉子，又是全家取暖的工具。后来俄罗斯族家庭中使用土炉子和生铁炉子后，这种俄式大火炉就被请到了院子里，几家人合用。这种传统的原木屋只有在山区、林区才能看到，俄式大火炉已改成带烤箱的土炉子了，燃料也换成了煤。现在只有伊犁俄罗斯族列巴店和少数俄罗斯族庭院内还有这种古老的炉具。

热气浴室：过去俄罗斯族的院子里一般都建有热气浴室，俄语叫作“巴尼亚”，它是供全家人洗澡用的。家庭热气浴室是用木头盖的，浴室由更衣室和浴室两部分组成，水是在外屋一个大铁桶内烧热，用铁管送到浴室内。浴室内安置着砌有长约一米多、宽不到一米的大炉灶。灶膛上置铁板或架铁条，炉子上面摆放着十几块大石头，浴室中间是二至三层的可供人躺的木板架。木板架有塔形和梯形两种。洗澡时，将大炉灶用木柴点燃，烧至铁板（或铁条）和上边的石块通红灼热后，再从备好的热水桶内舀水浇在烧得通红的石块上，热水瞬间变成水蒸气，澡堂整个被水汽所弥漫，伸手不见五指。洗澡的人上到屋内设置的木架子上。木架子有2米长，如台阶状，或坐或躺，几分钟后全身大汗淋漓，这时洗澡者手持用柔软的桦树细枝扎成的扫帚拍打全身，这种扫帚俄语叫作“别列佐维·维尼克”，是专门用于俄式洗澡堂的。

柔软的桦树细枝扎成的扫帚“别列佐维·维尼克”

建筑是历史的反映。每一座建筑都忠实地表现了它那个时代的生活情形、物质条件、劳动技巧、经济实力和思想意识。建筑是凝固的音乐。俄罗斯风格建筑承载了丰富的历史文化信息，虽经历久远，但仍能给人们留下强烈的联想和记忆的震撼。

俄罗斯族传统庭院

我国俄罗斯族最具代表性的俄罗斯建筑是位于新疆塔城市文化路和解放路交叉口的红楼，是一座折射着近代塔城历史的俄式代表性建筑。

1861年，俄国谢米州坦布城的塔塔尔人热玛赞·恰尼谢夫为了逃避兵役流落塔城。他选中南邻俄国驻塔城领事馆，东接俄国贸易圈的市中心三角地修造商务中心。热玛赞购置土地，聘来俄国建筑师设计监工，雇本地能工巧匠建窑烧砖，开始泥瓦铁木细

知识链接 在红楼外墙的墙壁上、窗户上下、房檐上都有砖块砌成的几何形图案，有的还用砖块雕成花纹。在门窗、窗扇、廊檐下口、廊坊的柱子等处，都有木块镶嵌的几何图形和锯成的花纹，漏水管道、烟囱、房檐上的铁皮也有卷、剪、轧成的图案，阳台栏杆等处点缀着雕花，涂有不同色彩的油漆，鲜亮美观，整座建筑外墙涂以铁锈红，于是民间称之为“红楼”。红楼落成，在一片低矮谦卑的泥坯土屋群中，俨然像一个高傲威严的绅士，显示了吉祥涌在新疆商界的头牌地位。

▲
全国重点文物保护单位——塔城红楼

作，专心施工。1914年建筑红楼工程完竣，并在外墙上刻砌砖字纪念。

1938年，红楼的主人被盛世才逮捕，红楼被没收。1941年，冷寂的红楼改作塔城行政区医院，有三位俄罗斯医生在红楼开设西医门诊。1945年8月，“三区革命”临时政府下属塔城专员公署入驻红楼。

新中国成立后，红楼成为塔城专署机关办公处。除旧布新、改天换地的许多政令是从这里下达到城市和乡村的。1975年红楼改为塔城行署农、林、水、畜牧等科（局）的办公室。1984年红楼划归塔城报社。

1999年7月，红楼被定为自治区级文物保护单位；2006年5月25日红楼被定为国家级重点文物保护单位。2008年6月，塔城市为红楼申报了俄罗斯族民居营造技艺项目，被列入《第二批国家级非物质文化遗产名录》。

在城市化进程加速，房地产开发热火朝天的这个时段，在水泥丛林里保护地域文化的标志性建筑已经成为有识之士的共同呼声。近年来，各地加强了对俄罗斯风格建筑的保护，一批俄罗斯风格的民居不再受到随意拆除的威胁。俄罗斯风格建筑所蕴含的传统文化、精神底蕴、审美观念、生态价值等，既是沧桑岁月的历史见证，也是社会文明发展过程中不可缺失的元素。

运输工具

提起俄罗斯人的交通工具，第一个就是“切列嘎”——俄罗斯四轮马车。俄罗斯人是第一个将四轮马车带到中国的，俄罗斯人当初迁居新疆时，是赶着双马槽子车，载着全家人和简单的家当而来的。在异国他乡，全家人糊口全靠用槽子车搞运输了。此前，新疆的“车”是笨重的两个轱辘的牛、马车。当时在大城市出现的一种叫“飞车”的轻便、上有皮制篷的两个轱辘的马车，其车轴是木头的，涂抹的都是植物油，只有马车的轴辘才包有铁箍。俄罗斯人的“切列嘎”一出现，新疆的交通工具结构就发生了急剧变化。他们不仅带来了“切列嘎”，而且还带来了制造四轮马车的技术，使同样的一匹马可以拉比以前重两三倍的东西。

俄罗斯四轮马车——切列嘎

知识链接 切列嘎的车身为长形木箱或木框状，双马槽子车也是一种四轮马车，由于车厢四周是用木板围起来的，像一个槽，因此在新疆俗称“槽子车”。其车帮高约30厘米，可装载半吨货物，一般双辕的套一匹辕马，也可加一匹边马；单辕的辕马在中间，两边各套一匹马。

俄罗斯族传统运输工具叫“合道克”，它是一种轻便的四轮畜力拉车。4个轮子前小后大，其车轴有铁制、木制两种。以载客为主的“合道克”车做工精巧，车厢上有篷，乘客分两边坐，腿自然下垂，上下车比较方便，由单马或双马牵引。它在20世纪20年代至50年代末，是当地居民广泛使用的运输工具；由于“合道克”的车面钉铺着6根棍子，因而在新疆俗称“六根棍”。

“科里亚什卡”也是一种四轮的马拉载人车，但比“合道

▲

马车上的
俄罗斯族
人家

克”高级一些，只拉载两三个人，而且其座位下有弹簧。这种车身分车夫的座位和乘客的座位，车夫的座位在前，较高，后面是乘客的座位，只有一排，可坐两三个人，前后有挡板，车身左右两边各有一个供人上下的脚踏板，座位一般都是柔软的，有扶手和靠背。

冬季，俄罗斯族的交通工具就是雪橇，俄语称“萨尼”，俗称爬犁。雪橇两边是滑木，有上下两根木撑，中间有小木撑，挨地面的滑板前部向上翘起40厘米，两根滑木间用木撑连接固定，上面铺着兽皮。雪橇长2米、高30厘米，前面是赶车人的座位，其后可半躺着乘坐三四个人。雪橇一般套一匹马，由两根木辕连接滑木前部。无论马车或雪橇都可套3匹马，俄语叫作“特洛依卡”，也就是俄罗斯有名的主套马车（雪橇）。

俄罗斯人使用的套车和套雪橇的挽具都一样。先给马戴上笼头“乌孜迭其卡”，轻便车还有十几个小铃铛，然后在马背上安好“西迭尔卡”，一种30厘米宽的小铁鞍子，用肚带固定好。再给马套上“伙木特”和“什尔卡”，也就是颈圈和一种用厚皮带做的套在马屁股上的使马后退时能刹住车的套具，也叫牵拽皮带。它是同夹板连着的，再抓住马的辔头，牵马到两根辕木当中，双手拿“杜嘎”，其上中央挂有一个铜铃的一种拱形扼，提起左边的辕木用夹板的厚皮带固定，再转到马的另一侧，将右边的辕木提起用夹板的厚皮带固定，然后走到马头前将夹板的“苏波尼”即夹板线拉得紧紧地，用皮条穿过马背上小鞍的口，将两边的辕木提到适当的高度固定好，最后将叫“乌日得”的长缰绳的皮带两端铁钩挂在马笼头两边的铁环上，马车就套好了。

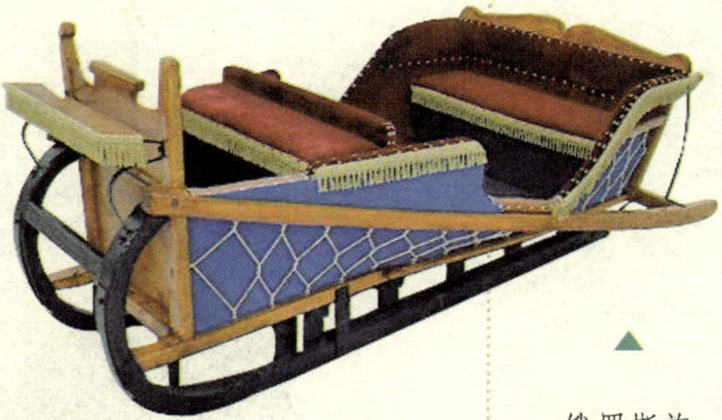

俄罗斯族冬季交通工具——雪橇

如果是套双马，那么也得给边马戴上笼头、夹板、牵拽皮带，使夹板固定在马脖子上，不叫它乱动。另外只用两条厚皮带挂在右轮边的铁钩上，不用小鞍和轭，只是将其缰绳系在辕马的右边辕木上即可。其马屁股后面有一根50厘米的梢木。此外马匹也是俄罗斯人普遍使用的交通工具，来往方便、快捷，且俄罗斯人马术也是出名地好。

第三章
宗教信仰

俄罗斯族大多信仰东正教，少数俄罗斯族信仰基督的其他教派。俄罗斯族的信仰、生活、礼俗等方面都受到宗教的影响，支配着俄罗斯族的精神生活。

东正教教堂里的壁画

信仰、生活、习俗中浓厚的宗教意识与心理至今仍支配着俄罗斯人的精神生活。东正教是基督教的三大教派之一。基督教产生后不久，就逐渐分化成以希腊语地区为中心的东派教会和以拉丁语地区为中心的西派教会。以君士坦丁堡为中心的大部分东派教会正式分裂成为东正教，意为保有正统教义的正宗教会。

东正教的传入

东正教是基督教的三大教派之一，它同其他两大教派一样，都以《圣经》为经典，基本教义相同，信奉三位一体（圣父、圣子、圣灵）的上帝，相信天堂地狱，末日审判等。除信守一切传统教义外，还信守前七次大公会议的决议；除主教外，一般神职人员可以婚娶；不接受罗马教皇的领导，只承认他是“罗马教主”和“西部教会的牧首”。

东正教和其他基督教派别一样，亦来华宣教。据《旧唐书·拂菻传》记载：“开元七年正月，其主遣吐火罗大首领献狮子、羚羊各二。不数月，又遣大德僧来朝贡。”拂菻是大秦的别名，大秦即拜占庭帝国。大德僧指的应该是传教士。如记载属实则说明当时的君士坦丁堡教会已派遣传教士来华。只是这还不能证明东方教会在唐朝时已进入中国，此问题还有待学者深入研究、探讨。

俄罗斯东正教传入中国大约始于14世纪的元朝时期。1665年，沙俄武装人员占领了我国黑龙江北岸的雅克萨城（俄人称阿尔巴津），当时，有个随军东正教传教士叫叶尔莫根的，经他筹划在这里修建了一座教堂，定名叫“基督复活教堂”。5年后，他又于1671年在雅克萨城郊“磨刀石山”修建了一座“仁慈救世主修道院”。

东正教

1685和1686年，康熙先后两次派兵攻打并收复了雅克萨城，被俘和自愿归顺的俄国官兵及清顺治初期来归者200名被送到北京，一部分被俘的哥萨克士兵及家属被安置在东直门内北官厅一带的胡家园胡同（已拆除），编入八旗的镶黄旗中。为使他们过好宗教生活，康熙二十八年（1689），康熙帝为安抚归顺的俄国官兵，特将关帝庙改为东正教堂，这座教堂称为“索菲亚教堂”。因为教堂内挂了一幅俘虏们从雅克萨带来的尼古拉神像，所以又叫“圣·尼古拉教堂”。“圣·尼古拉教堂”位于东直门北大街东，是北京最早的一座东正教堂。其中有一名叫马·列昂捷犬的随军司祭主持教堂事务。1900年教堂扩建后改名为“致命堂”，人们称之为“北馆”。占地近2 000平方米，主要由致命堂、钟楼、中外书房、神父住宅及寡妇院组成，有80多间房屋。致命堂为典型的十字形东正教堂，堂顶上有5个带十字架的拱形堡，堂内装饰华丽。1715年，彼得一世征得康熙皇帝的同意，派遣俄罗斯东正教传教士团于1716年抵达北京，住在“圣·尼古拉教堂”，正式成立了俄国东正教的北京教会，其活动经费由沙皇政府提供。

1728年，中俄签订了《恰克图条约》。根据这个条约清廷于

哈尔滨圣·索菲亚东正教教堂

哈尔滨圣·索菲亚东正教教堂内部

1732年出资为俄国传教士团在北京东江民巷（今东交民巷）俄国驻华领事馆内，又建了一座“奉献节教堂”，称为“南馆”。1956年后北馆改为苏联驻华大使馆。

1840年鸦片战争以后，沙俄强迫中国签订了一系列不平等条约，从此，俄国人有了可以在华自由居住、自由建教堂、自由传教等特权。1858年以后，俄国东正教会开始在哈尔滨、天津、上海、汉口、内蒙古、新疆等地修建教堂，发展教徒。十月革命前，俄国在北京的东正教势力已由北京一地发展到我国华北、东北、西北、华东、华中等地。据粗略统计，在这期间，俄国传教士团在我国修建了东正教堂37座，传教点40多个，神学院1所，男女宗教学校20所，公墓46处。

新疆地区东正教教堂的设立

新疆东正教堂最早是在塔城设立。1852年，根据中俄签订的《伊犁塔尔巴哈台通商章程》有关条款规定，由塔尔巴哈台参赞文臣指定塔城西北周围三里的地面为贸易圈地址，沙俄在塔城建立领事馆，首任驻塔城领事塔塔林诺夫监督修筑，并于1856年在塔城修建了一座附属于领事馆的东正教小教堂，为领事馆人员和

新疆早期东正教教堂

居留在塔城贸易圈的俄罗斯商民提供过宗教生活的场所。后来，随着俄罗斯人的增多，在塔城原桥粮油门市部后院建了一个简陋的东正教堂，另外在俄罗斯族人聚居的塔城克孜贝提（姑娘坟）俄罗斯族自然村和额敏乌什水自然村也建立有东正教小教堂。

1871年，沙俄强占伊犁，俄国商人趁机在宁远城东门外集中居住和开辟市场，并在私人家中开设了一个临时教堂。1872年元月，该教堂命名为“伊力亚教堂”，属俄国托木斯克牧区，大主教普拉托尼曾派一个神父主持教事。后来随着俄罗斯人增多，教堂已无法满足教民的宗

伊宁市教堂

塔城东正教教堂

教生活。1875年开始盖新教堂，1877年3月17日新教堂开放，由莫·普琴采维姆神父主持教事。最初教堂内无圣像，普琴采维姆向莫斯科牧区要求圣像，随后由俄国各大教堂带来圣像共45幅。

1881年，中俄签订《伊犁条约》，伊犁归还中国。1883年，伊犁地方当局扩建城市，教堂被拆除。1915年，俄国驻伊犁领事在领事馆院内修建了一个小东正教堂，供当地俄罗斯东正教徒礼拜之用。1924年，当俄国领事馆变成苏联领事馆时，教堂从领事馆搬到了解放路。

1936—1937年，新疆伊犁的俄罗斯族集资修建了一座大教堂，取名为“尼柯莱斯基大教堂”。该教堂坐落在伊宁市阿合买提江街14号，是一座两层楼高的哥特式建筑。由于伊犁在20世纪30年代是俄罗斯族活动的中心，因此伊犁新建的教堂就成为全疆俄罗斯族宗教的中心。

乌鲁木齐市东正教教堂

落实党的宗教政策后，经伊犁俄罗斯族群众的要求，新的俄罗斯东正教堂于2002年开始修建，2002年底交工，经过简单装修后，于2003年初开放。该教堂坐落在伊宁市俄罗斯族墓地西北角，是由自治区民委、市宗教局、民委等有关部门筹集经费修建的。新建的东正教堂是一层高的建筑，前面门庭上有一个钟楼。教堂内的文物是由乌鲁木齐东正教堂和迁居苏联、澳大利亚的俄罗斯人捐赠的。

乌鲁木齐东正教教堂也有百年的历史了。1901年，俄国神父尼古拉前来迪化（乌鲁木齐）主管教务，经过几年筹集，1903年，开始在领事馆的花园里修筑教堂。这个教堂后成为乌鲁木齐东正教徒的重要活动场所。

伊犁教堂

知识链接 **俄罗斯四教派** 苏波特尼克（安息会）、皮其吉夏特尼克（五旬节教派）、巴普其斯特（洗礼教派）、吉尔加克（旧礼仪派或旧教派），俗称“俄罗斯四教派”。

东正教圣事

东正教的主要圣事有：在教堂内举行宗教仪式和祈祷会；在教徒中募集自愿捐款；在教堂内为青年举行结婚典礼；给小孩实施洗礼，即祈祷、命名、洗礼、证婚、追荐亡者名录等。

祈祷

祈祷俄语叫作“马利特瓦”，它是信仰东正教的俄罗斯族教民每天例行的一种宗教活动。东正教没有严格的教规，是否每天做祈祷，是否每个星期日去教堂做祈祷，要根据自己的情况而定。身体不适者可不去，离教堂远者可两三周去一次，教民不会因此受歧视或责怪。祈祷分家庭个人祈祷和在教堂

祈祷

集体祈祷。无论在教堂的祈祷或是在家里的祈祷，祈祷经文都出自《圣经》。

知识链接 《圣经》有《旧约圣经》（简称《旧约》）和《新约圣经》（简称《新约》）两部。《旧约》出现较早，是用希伯来文写的；《新约》出现较晚，是用希腊文写的。后来由教会把全部《圣经》译成拉丁文。

16世纪后，欧洲各国又将其译成各种文字，中国虽曾于19世纪末将《圣经》译成汉文，但因中国的俄罗斯族早先通行俄文，东正教的主教和神父多由俄国派来，因此也都宣读俄文《圣经》，而不采用汉文《圣经》，直至现在，中国俄罗斯族东正教教徒仍用俄文宣读《圣经》，用俄文咏诵圣歌。

集体祈祷 ▶

一般信仰东正教的俄罗斯族人家中都供有圣子耶稣、圣母马利亚或其他圣徒的小型圣像，供教徒早、晚在家中做简单祈祷之用。家庭圣像一般挂在客厅正面墙角或朝东的墙角高处并用绸布装饰。

除了面对圣像做晨祷和晚祷外，虔诚的教民还要做饭前饭后的祈祷，而星期日和宗教节日则要去教堂做集体祈祷，并聆听神父布道讲经。

除了宗教节日外，教堂一般只在星期日开放。据说上帝用6

知识链接 教堂的祈祷会一般包括祈祷、诵经、唱圣歌等内容，是由神父或其他神职人员主持，教民参与的一项宗教活动。

天的时间创造了万物，第七天休息，这一天任何工作都不能做，只能做祈祷。又说因为耶稣是在星期日复活的，所以星期日为“主日”，这一天要举行礼拜。信仰东正教的俄罗斯教民一直信守这一条教规，礼拜天去教堂参加祈祷会。

命名

命名是俄罗斯族的一个古老习俗。早年新生婴儿的命名仪式必须在教堂举行，因此当俄罗斯族某个家庭中诞生了婴儿就要抱到教堂去取名，这时神父就会翻开宗教日历，按上面圣徒名字的顺序给婴儿取一个名字，然后宣布：“为神父、神子、神灵的奴隶起名为某某，阿门。”

证婚

证婚又叫婚配，它是指在教堂由神父主持的婚礼仪式，俄语叫作“布拉克斯其塔其”（音译），即以上帝的名义证明婚姻，使婚姻具有一定的约束力。东正教认为在教堂举行证婚仪式是圣事之一；并规定只有受过洗礼的男女才可以在教堂举行证婚仪式，还规定一个男子只能有一个合法妻子，反对轻率离婚；一个女子一生只准戴一次花环装饰的婚纱，如果再婚，可穿婚服，但不能戴婚纱，只能戴一块头巾。

洗礼

洗礼是在教堂举行的一项宗教活动，也是入教的仪式。洗礼分注水礼和浸礼。认为领受洗礼可免除“原罪”和“本罪”，并赋予“恩宠”和“印记”，成为教徒，以后有权领受其他圣事。

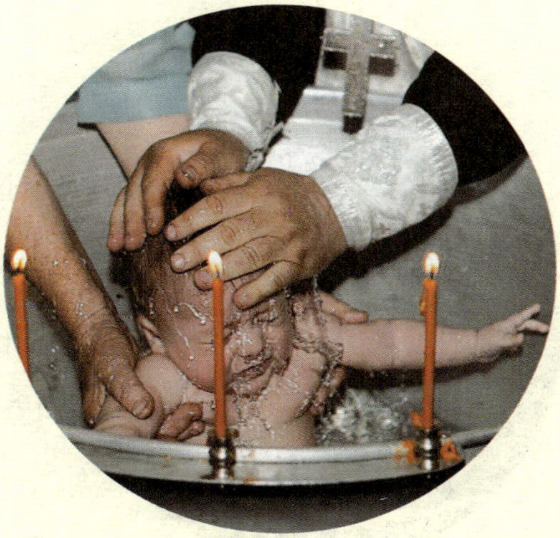

洗礼

傅油

傅油即终傅，意为终极（指临终时）涂抹“圣油”。在信徒临终前所行的仪式，亦在信徒重病垂危时、遇到身体和心灵的考验时，请神父至家中，用主教祝圣用过的橄榄油涂抹病人的耳、目、口、鼻和手、足，并念一段祈祷文，认为借此可以帮助受傅者忍受病痛，赦免罪过，安心去见上帝。

宗教信物

东正教宗教信物为教堂大钟、《圣经》、圣水、东正教十字架、圣物鸽子、宗教油画、家庭圣像、耶稣受难像等。

基督教的经典《圣经》

《圣经》是俄罗斯族奉行的经典。俄语叫“比布力亚”（Библия）。《圣经》包括《旧约全书》和《新约全书》，所以又称《新旧约全书》。所谓“约”是指上帝与人之间立的“盟约”。

《圣经》书影

圣水

圣水俄语叫作“司维亚塔亚瓦达”。“圣水”即是信奉东正教的俄罗斯族教徒在1月19日领洗节清晨打来的清洁的凉水。据《圣经》记载，历史上的这一天是耶稣受洗的日子，为了纪念耶稣受洗，此后，信仰东正教的俄罗斯

圣水

族教徒都要在每年的这天清晨破冰去接清洁的河水、泉水或自来水——圣水。只有1月19日这一天的水才被称为圣水，因为这天清晨全世界的东正教神父、教徒都在做祈祷、诵经，所以这水被认为具有神奇的力量。俄罗斯人认为喝圣水有驱邪治病的作用，有神力保佑健康。

东正教十字架"克列斯其克"

该词源于拉丁文，意为"叉子"。因为形状近似汉字"十"，故译为"十字架"。十字架是古代罗马帝国的残酷刑具，用于处死奴隶、叛逆者或无罗马公民权者。自耶稣被钉于十字架处死后，基督教认为耶稣用自己的生命拯救了世人，十字架也就从痛苦与耻辱的象征转变为上帝与人和好的福音和象征，成为信仰的标记。

东正教十字架

知识链接 东正教堂上的十字架是东正教区别于其他基督教堂的标记。东正教的十字架可以是8个角和6个角的，也可以是4个角，一般教堂顶上的十字架是8个角的。

圣物鸽子

圣物鸽子，俄语叫作"杂卢布"，是一种常见的鸟类，是纯洁、善良、美丽、和平的象征。俄罗斯族视鸽子为天使，因为天使长着人的躯干，却长着鸽子的翅膀。俄罗斯族把鸽子视为敬物，不仅东正教堂里设有鸽子的图案和塑像，而且俄罗斯族一直严守着不吃鸽子肉的戒律，吃鸽子肉被认为是对神的冒犯，是有罪的行为。

圣物鸽子

家庭圣像

家庭圣像俄语叫作“伊阔那”，是俄罗斯族东正教教徒供奉在家中的宗教信物，它是各种圣像的总称。东正教堂内的圣像是大型的，而家庭中的圣像是中小型的，一般有相框那么大。家庭圣像有铜质凹凸面的，有镶嵌在玻璃镜框中的，它们一般挂在客厅朝东的墙角三分之二的高处，圣像下钉一块三角板，上面供放蜡烛，圣像上面和两边用绸布装饰。家庭圣像主要是耶稣、马利亚、伊利

家庭圣像

耶稣受难像

亚、尼古拉等圣人的画像，挂在东正教教徒家中，供教徒每天早晚祈祷时供奉。

俄罗斯人认为家中供奉了圣像能给全家带来好运，保佑家人平安、健康，它就像一个保护神。俄罗斯东正教民胸前还佩挂小型金属十字架，十字架是宗教信物，它是在教堂买的。十字架佩戴在身上像“护身符”，被认为具有避邪的作用。

第四章
民族风情

独特的俄罗斯族文化，是欧洲和亚洲文明的结晶体。它以独特性成为东方眼中的西方、西方眼中的东方。俄罗斯族多彩的文化风情是欧亚两股历史潮流相互撞击、相互融合而成的璀璨明珠。

一个民族的风俗习惯是展现其民族文化特征和内涵的主要内容之一，是社会发展中长期沿袭下来的礼节、风俗等的总和，是民族传统文化的重要组成部分。俄罗斯族民俗文化遗产在民族意识的产生和发展过程中出现，并不断以民族自身的和世界的文化丰富自己。

饮食

我国俄罗斯族的饮食在本民族原有的烤、炸、煎、煮烹饪方法基础上，又吸收、融合了汉族以及其他民族的饮食经验，不断丰富、充实着自己的饮食内容，形成了中西合璧的俄罗斯族饮食文化。

俄罗斯人用面包加盐的方式迎接贵宾，这是因为在古俄罗斯盐很珍贵，只有款待宾客时才用。面包在当时代表着富裕和地位。一般将面包放在铺有精致刺绣方巾的托盘上，由主人献给尊贵的客人。客人先对面包示以亲吻，然后掰一小块，撒点盐，品尝一下，表示感谢。

俄罗斯族传统美食

俄罗斯族的传统饮食主要有面包“合列布”、肉菜汤“苏波”、红焖肉饼“杂得列特”、煎饼“布里内”、发面小饼“阿拉吉”、油炸或烤制的小馅饼“比拉什给”、饺子“别列灭尼”等；副食有肉、鸡蛋、灌肠、牛奶、黄油等。蔬菜类他们爱吃土豆、西红柿、黄瓜、莲花白、胡萝卜、洋葱等。饮料有自制的伏特加、啤瓦和格瓦斯等。另外，俄罗斯家庭主妇烤制的甜点深受各民族的喜爱。

传统的俄罗斯族日常饮食比较简单，一日三餐，主食就是列巴。早餐叫“扎无塔拉卡”，一般是喝红茶或牛奶，吃一两片列巴，吃列巴时要在上面涂抹黄油或果酱等。午餐叫“阿别得”，是一天中的正餐。午餐一般有“苏波”、土豆烧牛肉或红焖肉饼等，并配以列巴。晚餐叫“乌日那”。

主食

合列布　合列布是俄罗斯族人的主食，可以说一日三餐都离不开。合列布是俄罗斯族最古老、最尊贵的食物，迎接远方的客人和迎娶新人的场合都离不开它，它被认为是上帝赐予人类的食物。俄罗斯人每天都要烤制新鲜的合列布，就像汉族人每天蒸馒头一样，传统的合列布是自家烤制的。和合列布的面要用俄罗斯人自制的酵母，叫“得罗日”。

合列布

布里内　布里内是俄语鸡蛋煎饼的音译。它不仅是日常和待客的食物，也是重要节日必不可少的食物。

布里内

俄罗斯族的布里内分发面的和死面的两种。做死面的布里内时，先在盆中打几个鸡蛋，加适量的牛奶、盐、苏打粉，充分搅拌，然后倒入干面粉中，边倒入边搅拌，面糊不宜过稠或过稀。煎布里内要用平底锅，在锅底抹一层油，舀一勺面糊倒入锅内，轻轻转动平底锅，使面糊均匀地摊开，待凝固成形后翻个儿，再煎片刻即可出锅。布里内要趁热吃，吃时要在上面涂抹奶油或蜂蜜、果酱、酸奶油等，也可将炒熟的肉、葱末放在其中，然后将布里内的四边对折，折缝朝下放在油锅中煎一煎吃。

新婚夫妇第三天回门叫作“扎布里内”，意为“去吃煎饼”。俄罗斯族谚语：“第一张煎饼不好煎。”寓意是万事开头难。另外在“祭扫亲人节”上坟时也要带上“布里内”。

阿拉吉

阿拉吉 阿拉吉是一种发面的煎饼，它的用料比较简单，在温水中加入发酵粉、适量的盐，搅匀后加入干面粉，搅成糊状，放在温暖处让其发酵。面糊发酵后散发出酵母的酸甜味。把平底锅加热抹油，用勺舀面糊倒入锅中。由于发面比较稠，所以摊得不大，约有碗口大小，比较厚，其中充满气孔。煎好一个阿拉吉取出盛盘，趁热在其上涂抹一层奶油，第二个煎好后摞在第一个上面，再抹一层奶油，依次重复至全部面糊煎完。发面的阿拉吉吃起来松软，香甜可口。吃时还可以夹几片灌肠。几片灌肠、几个阿拉吉、一杯红茶就是俄罗斯族人的一顿正餐。

皮列米尼 皮列米尼是俄语饺子的音译。俄罗斯族的饺子形状、吃法和馅的配制与汉族的不同。首先是馅不同，俄罗斯族人包的饺子有土豆泥馅的、莲花白馅的、牛肉洋葱馅的、奶渣馅的和新鲜水果馅的。包法也略有不同，他们是在面皮中放

皮列米尼

上馅，两个面皮合起来平捏，然后将两个角对折捏在一起，成为一个圆形，像个小元宝。吃法也有所不同，肉葱馅的和土豆泥馅等咸味的饺子要蘸化开的黄油或蘸酸奶油食用；水果馅、奶渣馅的饺子要拌着酸奶皮子或砂糖食用。

知识链接 **祭祀蜜饭** 祭祀蜜饭是俄罗斯族在上坟时或为亲人做周年祭祀饭宴时必备的一种食物。它是用大米饭拌上泡过的葡萄干和彩色水果糖碎粒加工成的一种米饭。前来参加祭祀活动的客人，每人都要吃几口这种饭，以示对亡灵的悼念。

祭祀蜜饭

苏波 苏波是俄语红菜汤的音译，是俄罗斯族人日常生活中最常见的一道菜。俄罗斯族人的苏波分荤、素两种。相当于汉族人的肉汤或菜汤，只是操作方法及作料不同而已。如做牛羊肉的苏波，先将牛羊肉洗净切块，放进锅中煮，捞掉汤上面的血沫，待肉煮熟后，加入适量土豆块、胡萝卜丝和莲花白丝，再加入几片苏波叶（一种香料）继续煮。另取一炒锅，放入适量植物油，油热后倒入切成碎块的西红柿和洋葱丝一起翻炒，加入适量的盐、胡椒粉，待西红柿炒成糊状，洋葱炒出香味，一并倒入煮肉的汤锅内轻轻搅动。开锅后，苏波就做好了。食用苏波时，要用大盘盛，用汤勺吃。随着生活的改善，塔城俄罗斯族人极少做素的苏波食用。喝苏波时不要发出“淅沥、淅沥”的声音，合列布要接在汤盘上面吃，不要将合列布渣掉在桌子上或地上，那样不仅会受到老人的责备，而且会被视为没有教养。

苏波

杂得列特 杂得列特是俄语红焖肉饼的音译，这是俄罗斯族人最喜爱的传统佳肴之一。“杂得列得”的制作用料讲究，工序繁杂，所以通常是在家宴或节假日的餐桌上出现。做杂得列特

杂得列特

时，先要将牛肉剁成肉泥盛在盆中，打入一个鸡蛋，将泡成糊状的面包屑碾压成粉也放进肉泥中，加入适量的盐和淀粉充分搅拌。取几个土豆削皮洗净后切成厚片备用。取炒锅加入植物油，油热后将拌好的肉泥取一团用手压扁成椭圆形，有时也做成丸子状。蘸干面包末放进油锅炸至七成熟后捞出，再把土豆片炸至金黄色捞出。然后将小肉饼和土豆片放入另锅，倒入调制好的西红柿酱，放入几片苏波叶，加适量的熟油和盐，盖上锅盖小火炖约30分钟，就可食用了。杂得列特色香味美，老少皆宜。杂得列特做熟后用大盘盛好摆在餐桌中央，客人用公用的勺子或叉子盛一些放在自己的小盘子里食用。

杂勒巴撒　杂勒巴撒是俄语灌肠的音译。俄罗斯族生产加工的香肠、熏肠、小灌肠等，可以长期保存不变味，现在新疆伊犁熏马肠就是借鉴了当年俄罗斯人的生产技术。另外，俄罗斯族农牧民在家里也加工腊肉、香肠、熏肠、熏火腿等，尤其冬季打了野猪，就把肉制成熏肉、腊肉等贮藏起来食用。

杂勒巴撒

甜点

甜食是俄罗斯族饮食的又一重要特色。甜点不仅是待客时的必备品，而且是日常喝茶时的佐料。

烤制甜点以发面为主，主要有：奶油小馅饼“布拉其给”、卷甜馅的面包“鲁列特”、各种果酱面包“比罗哥”、圆柱形面包“巴斯尕”等。俄罗斯人烤制的甜点主要用于待客和自己吃。

布拉其给　布拉其给是俄语奶油小面包的音译。它是用面粉、奶油、砂糖、鸡蛋等和面经发酵后烤制而成的面点。其制作

布拉其给

方法是：先将酵母在温水中化开，放白糖、盐各一勺，加入适量的面粉搅成糊状使其发酵，待酵母糊充分发酵成泡沫状时，将适量的奶油化开，加入适量的砂糖，打入四五个鸡蛋，用打蛋机将其搅拌成雪花状（不流动），然后倒入酵母糊中再搅拌匀，将干面粉徐徐倒入，和成柔软的面团，放在温暖的地方使其发酵。待面团发起，里面呈大蜂窝状，扒开一闻，酵母香味扑鼻，方取出面团，用手轻揉成一个个小圆面团，放入烤盘内，用毛刷蘸蛋糊刷在小面团上，放置30分钟后，再将烤盘送进烤炉内烘烤。出炉的布拉其给油亮金黄，入口酥软香甜，营养价值高，深受老人、小孩的欢迎。

巴斯尕 巴斯尕是俄语圆柱体奶油面包的音译。这种面包只在一年一度的复活节才烤制，而且要摆在盘子上，周围摆上复活节彩蛋，具有祭祀的意义，所以它又叫作“巴斯杂”，即复活节蛋糕。巴斯尕的和面方法和用料与布拉其给基本相同，只是面要和得更软一些，另外面里还要放适量的葡萄干。烤制巴斯尕要掌握火候，不断转动容器，使四面受火均匀，这样

巴斯尕

烤制出来的巴斯尕就会上色均匀，整个外壁呈金黄色，而且保证熟透。巴斯尕烤好后将其从烤炉中取出放凉，然后轻轻地取出容器，放在一个平盘上。取一只鸡蛋，打碎后把蛋黄分离出去，只保留蛋清，倒入一小碗中，放入适量的砂糖，用打蛋机搅拌成雪花状，然后将雪花状的蛋清涂抹在烤好的巴斯尕模子的蘑菇顶上，再在上面撒一些彩色碎糖粒，这样一个巴斯尕就做好了。

比罗哥　比罗哥是俄语果酱馅大烤饼的音译。其和面方法和用料与布拉其给相同，但制作方法比较麻烦。待面发好后取出适量的面团轻揉，然后拼成与烤盘大小相同的长方形，放入烤盘内，取出果酱均匀涂抹于面饼上，然后取一团面做成细长条状，压扁，用刀在两侧切出牙状，将其一条一条斜铺在果酱馅儿上，一层斜铺完后，再交叉斜铺一层，然后用一根条状面沿烤盘内侧铺压一圈做比罗哥的边。放置30分钟后，还要在其上面涂抹一层鸡蛋糊，送进烤炉烘烤。烤熟后取出烤盘，放凉、切块，装盘食用。

比罗哥

比拉什给　比拉什给是俄语对类似馅饼、包子等食物的音译。俄罗斯族人做的比拉什给有土豆泥馅的、大米馅的、莲花白馅的和牛肉洋葱馅的等。比拉什给分油炸和烤制两种：油炸的比拉什给是肉、菜馅的，是日常生活和家宴中的正餐食物；烤制的比拉什给是果酱、奶渣馅的，是喝茶、家宴时的甜点。比拉什给是俄罗斯族人平时喜欢烤制的一种形状较小的果酱面包，它的用料与和面方式同“布拉其给”。待面发好后，取一小块拼成茶碗口

比拉什给

大小的饼状，在小圆饼的中央放上果酱或奶渣，并在圆饼的左右两边各竖着切一刀，然后将两边提起从刀口处交叉穿叠，就完成了。待一个个比拉什给模子做好后放入烤盘中发酵20分钟左右，再用毛刷蘸鸡蛋糊在面上涂抹一遍，就可入烤箱烘烤了。烤制好的比拉什给不仅外形美观，而且吃起来松软香甜，香味四溢，颜色亮丽，十分诱人。

◀ 比拉什给

鲁列特 鲁列特是俄语卷层面包的音译。它的制作方法比布拉其给稍复杂一些，但其和面方法和用料与布拉其给基本相同，只是待面发好后，出较大一团，将其拼成饼状，在饼面上涂抹一层果酱，撒一层核桃仁末，然后将面饼卷成圆筒状，放在烤盘中，发酵20分钟左右，再用毛刷蘸鸡蛋糊刷在其面上，将烤盘送进烤炉内烘烤。烤熟后的鲁列特要放凉后才可以切片食用。鲁列特还可以用奶渣做馅。

▲ 鲁列特

比切尼叶 比切尼叶是用砂糖、奶油、鸡蛋、牛奶、面粉等和面，并加入适量的苏打粉。和好的面拼成厚薄均匀的饼状，然后用各种形状的饼干模子在面饼上压制出一个个饼干，并在其面上蘸上砂糖或抹上鸡蛋黄，摆放在烤盘上入烤箱烤制。烤熟的饼干装盘食用。

◀ 比切尼叶

苏式给 ▶

苏式给 甜面包圈“苏式给”是俄罗斯族的传统食品。它的和面方法基本同饼干，只是油放得稍少一些。和好的面团搓成条状断成一个个长短一样的节，把两头接在一起，成一个小圈。待一个个小面圈制作好后，放进开水锅里煮熟，捞出后沥干，再放进烤盘中烘烤使其上色。做好的苏式给放多久都不会变质，吃起来干脆带点酥，也不怕压，常常作为旅途的食物。过去用小绳把烤好的面包圈串成一串串挂在钉子上当作干粮。

果酱

“瓦列尼耶”是俄语各类果酱的音译总称。果酱是俄罗斯族人生活中不可缺少的食品，它既是喝茶时的佐料，又是烤制各种甜点时必备的配料之一。

俄罗斯族女性几乎个个都是制作果酱的能手。夏秋季各种水果陆续上市，俄罗斯族女性就将它们买回来自制果酱。她们做的

果酱 ▶

果酱品种有苹果酱、草莓酱、杏子酱、李子酱、葡萄酱等。制作果酱时先要将新鲜水果洗净，除去把儿和核儿，将水沥干。根据果酱的用途处理水果：如果是做甜点用的果酱，就要将体积大的水果切成（揉成）碎块；如果是喝茶时食用的果酱，小颗粒的水果就保持原状。将水果放进搪瓷锅中，加入等量的白砂糖，在文火上慢慢煮，待白砂糖化成液状翻滚时，关炉火，让糖汁浸透水果，然后再用文火煮，这样反复几次，果酱就熬好了。熬好的果酱放凉后

装入玻璃瓶，密封存放在阴凉处，放置一年也不坏。自制的果酱吃起来口感好，保持了水果的味道，是冬春季补充维生素的好食品。

水果羹

俄罗斯人还有煮果羹的饮食习惯，果羹是俄罗斯族人平时喜欢喝的一种干（水）果羹，也是家宴时上的最后一道菜。果羹有两种，一种叫“杂木波特”，一种叫“给谢里”，它们都是饭后或平日里喝的甜羹。

给谢里　给谢里是俄语一种水果羹的音译。其制作方法是：将酸梅、樱桃、酸果等干、鲜果洗净，放在搪瓷锅中加水煮，待干果煮烂后，取碗调制一些淀粉糊，徐徐倒入果羹中搅拌，开锅后即可端下锅。稍放凉后盛碗用勺食用，食用时可根据口味加白砂糖。这种水果羹可供家庭平日食用，也可待客，尤其是家宴不可少的一道美食。

◀ 给谢里

杂木波特　杂木波特也是俄语一种水果羹的音译。其制作方法是：将杏干、桃干、葡萄干、酸梅干等洗净后放在搪瓷锅中加水煮，待干果煮软，呈饱满状时即可出锅，放凉后盛碗用勺食用。食用时可根据自己的口味加糖。这种水果羹是俄罗斯族家庭常煮的水果羹，它甜里带酸，不但有助于消化，而且可以消除饭后的油腻之感。

◀ 杂木波特

腌菜

腌制酸菜也是俄罗斯族人饮食中的一大特色。俄罗斯族人不仅喜欢吃生拌的黄瓜、西红柿和洋葱，而且喜欢把黄瓜和西红柿用大玻璃瓶子装起来，封好口，冬春季吃。他们还把胡萝卜、莲花白切成丝，撒上少量的盐和茴香，揉搓拌匀装在坛子里封上口，腌制半个月就可以吃了。他们腌泡的黄瓜和西红柿是酸的，吃起来清爽、可口，是下酒的好菜。俄罗斯族还腌制一种混合酸菜，用胡萝卜、卷心菜配以适量的盐、茴香腌制。

腌制酸菜 ▶

饮品

说到俄罗斯族人的饮料，除了茶以外，夏季还有家庭自酿的清凉解渴的“啤瓦”和“格瓦斯”。啤瓦和格瓦斯是用砂糖、蜂蜜、啤酒花、葡萄干等和俄式酵母经过不同的发酵过程制成的，都不含酒精，是营养丰富的纯天然饮料。

啤瓦 啤瓦是俄罗斯族人的一种饮料，相当于市面上的啤酒，但口味有所不同。啤瓦的制作方法是：将适量的啤酒花放入水中煮开，将一把面粉放入碗中，用煮开的啤酒花水烫面，待烫面冷却至36℃~38℃时，加入俄罗斯酵母和适量水搅拌，使其发酵，发酵后再加入适量的麸子搅拌，让其再次发酵。以上是做引子的。烧

啤瓦 ▶

一锅开水，冷却至36℃~38℃，把发酵好的面麸子糊倒入其中，再加适量砂糖搅拌，倒入坛子中加盖保温，使其发酵24小时。家酿啤瓦时，俄罗斯人常喜欢在坛中加入苹果干、葡萄干、焦列巴干（上色用）等。24小时后将坛中液体过滤，根据口味不同再加入适量的砂糖、蜂蜜，搅拌，装瓶，加胶皮塞，放在太阳下曝晒2小时，然后冷却就可以饮用了。这是一种快速酿造啤瓦的方法。应注意的是：装啤瓦的瓶子必须是深色的，白色瓶子容易爆炸。啤瓦虽是一种天然饮料，但由于多次发酵，也是有一定度数的，如果贪杯是会醉人的，而且不易醒。啤瓦有开胃、解暑的功能。因为其中不含酒精，所以对人体无伤害。

格瓦斯 格瓦斯也是俄罗斯族人喜欢的一种饮料。格瓦斯不含酒精，没有度数，是夏季老少皆宜的一种纯天然饮料，如同汉族人的绿豆汤，有败火、利尿、开胃等功效。格瓦斯的酿造方法是：将适量的啤酒花加入水中煮开，放凉至36℃~38℃，加入适量的砂糖、蜂蜜、葡萄干、焦列巴干、俄式酵母，搅拌后将液体倒入坛子内加盖，存放一两个星期让其自然发酵，然后就可以饮用了。啤瓦和格瓦斯是俄罗斯人平日喝的饮料，节日或家宴时就会喝葡萄酒“维诺”和白酒“伏特加”了。

格瓦斯

俄罗斯族茶

俄罗斯茶 俄罗斯族人爱喝茶，无论是来客还是独自一人在家，总喜欢沏一壶新鲜的红茶。茶里可以放牛奶，而且喝茶时一定要放方块糖，还要配以果酱、蜂蜜、黄油、面包等与其一起饮用。俄罗斯族人喝茶时加入方块糖，再配以果酱和甜点，如果只用茶水招待客人是会被耻笑的。

沙玛瓦尔
俄式茶炊

传统的俄罗斯茶是用沙玛瓦尔烧的。沙玛瓦尔是俄语大茶炊的音译，是“自己、自动、煮”的合意。

如今，我国的俄罗斯族人多数是华俄组成的家庭，也受汉族饮食文化的影响。日常饮食除保留俄罗斯传统的饮食外，也有各种炒菜、面条、米饭和汤饭。

俄罗斯族视鸽子为圣物，视马和狗是人类的好伙伴、好帮手，所以忌吃狗肉、马肉和鸽子肉。

知识链接 **传统家宴** 俄罗斯族人性格豪爽，热爱生活，喜欢热闹。他们除了节日聚会外，平时还喜欢搞一些各种名目的家庭宴会，如庆祝生日家宴、乔迁新居家宴、买新家具洗礼宴、买新衣洗礼宴、纪念亡者周年家宴、为朋友送行宴、接风宴等。

俄罗斯族家庭聚会

俄罗斯族节日聚会

首先被邀请的客人一定要按时出席，而且要穿着整洁。男士一般要穿西装、打领带，女士要穿华丽的衣裙，脸上还要施以淡妆，表示对主人的尊重。家宴使用的桌子是长方形的，桌子上一定要铺桌布。宾主不分男女老少一律围桌面对面而坐，显得亲切、平等、便于感情交流。家宴正式开始前，餐桌上摆着糖果、饼干、果酱、小面包、水果之类。客人光临，主人热情迎接，让座、倒茶。客人到齐后，大家入座，家宴正式开始。家宴的饭菜通常由三部分组成：凉菜、热菜、甜点。地道的俄罗斯式上菜顺序是：苏波、杂得列特（红焖肉饼）、布里内（鸡蛋煎饼）、司明达那（酸奶）、比拉什给（油炸或烤制的肉菜馅饼）、土豆烧牛肉，另外还有几样汉族式的炒菜。正餐吃过后，主妇就开始上甜点了。甜点是俄罗斯族家宴不可缺少的食品，反映出俄罗斯族家庭主妇的聪慧和手艺。接着手风琴手就会拉起俄罗斯族民歌，客人们就会离座跳舞。俄罗斯、汉和其他少数民族的多民族文化习俗在聚会期间相互融合，其乐融融。

服饰

自古以来，俄罗斯族就形成了自己民族所喜爱的传统服装，多少年来，民间一直保存着这些独具俄罗斯韵味的穿着。俄罗斯人很注重仪表。所以，在服饰上讲究色彩的和谐、整体的搭配。

俄罗斯族传统服饰

典型的俄罗斯民族服装是：男子的斜襟长袖衬衣，在领口和下摆有绣花，穿时在衬衣外面系一根腰带。衬衣材质一般是麻纱布或白棉布，也有用色彩鲜艳的花布做成。裤子稍肥，用白布或染色的花布做成。在寒冷的季节，人们一般穿厚呢子外衣或毛皮外衣，头戴毡帽，脚穿高鞠皮靴。女子的服装，一般是用麻布做的有垫肩的长衬衣。以前，已出嫁的女子在衬衣外面要穿一件无袖长衣“萨拉范”，或穿一种手工编的带有方格图案的毛料裙子。姑娘不戴头巾，仅用头巾盖住头的一部分，但已婚女子必须戴头巾，以便把头发全部包起来。在冬季，女子一般穿厚呢子或毛皮外衣，高筒皮靴。现在男子多穿西服，戴呢帽、便帽、礼帽，冬天戴皮帽，穿皮鞋、皮靴或毡靴。女子穿连衣裙、西服上衣或西服裙。过去女子不穿长裤，现在也有人穿。女子穿高跟鞋，冬天也穿皮靴，秋冬戴皮帽，夏天系花头巾。

鲁巴哈

萨拉范

淑巴

女性服饰

鲁巴哈 “鲁巴哈”是传统女装，其样式有点像长袖连衣裙。从前，俄罗斯族妇女下地除草时都穿鲁巴哈，因为长袖能防止草木扎刺皮肤。鲁巴哈又被称为“割草裙”。

萨拉范 “萨拉范”为女士连衣裙，是俄罗斯族女性喜欢穿的一种无袖长裙，领口开得较大，便于穿脱。领口有圆形的、方形的、V字形的。在式样上，年轻女子喜欢穿下摆为小喇叭式的，中老年人则喜欢穿直筒式的。这种长裙常穿在衬衫或薄毛衣外，是十分大众化的服装，款式颇像今天人们穿的太阳裙或沙滩裙，但用途绝非像太阳裙那么单调，萨拉范长至脚面，现在穿的一般长至膝盖以下。它是一年四季都可以穿的服装。冬季，萨拉范用厚呢、粗毛、毛皮制成，是过去俄罗斯族妇女的典型服装。人们贴身穿棉麻衬衣，外面穿萨拉范，然后再围上厚厚的毛披肩，穿这一身就可以御寒过冬了。

淑巴 “淑巴”即皮大衣，是俄罗斯族人冬季必不可缺的御寒服装。淑巴有貂皮、裘皮、羊皮、兔皮和狗皮等不同类别，很久以前，俄罗斯族人的淑巴主要为羊皮。由于俄罗斯气候寒冷，淑巴一直是冬季服装的主宰，直到羽绒服的问世，才彻底打破了淑巴的垄断地位。

▲ 布鲁孜卡

布鲁孜卡 俄罗斯族女性穿的传统民族衬衫叫“布鲁孜卡”，是一种套头衬衫，有长袖和短袖两种，袖笼肥大，袖口用松紧抽起来，衣领分圆领和小立领两种，无领衬衫的领口抽有皱褶，其中穿一根丝带并在胸前打一个蝴蝶结。俄式传统女衬衫是用白色亚麻布或白平布缝制的，并用彩色丝线在领边、胸前、肩部及袖口处绣上十字绣图案。穿的时候要把衬衫下摆掖进裙子里，显示出女性优美的曲线。现在穿这种衬衫的人少了，只有在婚礼和传统节日时才能见到。

婆拉多克 俄罗斯族女性有戴头巾的习俗，少则几条，多则十几条，以备不同季节不同场合使用。上街或参加婚礼、家宴时，多戴花色鲜艳的头巾；去教堂做祈祷，参加葬礼时戴颜色深的头巾。

有一种具有民族特色的花披巾，俄语叫“克什米拉瓦亚沙里”，深受俄罗斯族中青年女性喜爱。这种披巾为正方形，最大的边长140厘米左右，以赤褐色、宝蓝色、奶白色、黑色为多，上面配有大小不一的各色玫瑰花朵和绿色的叶子，颜色鲜艳华丽。这种披巾是用一种叫克什米尔呢的斜纹纺织品裁剪而成的，四面配以约10厘米长的穗。由于披巾的质地不厚，所以主要不是

◀ 婆拉多克

用来御寒的，而是起装饰作用的。每逢节日、喜庆之时，俄罗斯族女性都会将其两角对折成三角形自然地披在肩上。俄罗斯族女性跳民间舞蹈时，总会披上花披巾，左右手各扯住披巾的一个角，脚下踏着民间舞蹈的音乐，手臂时而伸展，时而收回胸前。俄罗斯族的“披巾舞”也因此而得名。

尤普卡

尤普卡和布拉吉 传统的俄罗斯族女性不穿长裤，一年四季都穿裙子，即尤普卡。尤普卡裙长一般都在膝盖以下，传统俄罗斯族女性绝不穿膝盖以上的短裙，它是俄罗斯族女性最喜欢穿的服装之一。

布拉吉是俄罗斯女性喜欢穿的连衣裙之一。布拉吉式样繁多，五彩缤纷，在颜色和花色上不受年龄的限制，完全凭个人的审美观来选择。夏季的布拉吉多用丝绸、麻纱、乔其纱等布料缝制，既柔软又凉爽；冬季的布拉吉多用毛布、薄呢子等布料缝制，春秋季的布拉吉多用哔叽、丝绒布缝制。夏季的布拉吉一般是无领、无袖或短袖的；秋冬季的布拉吉是有领的、长袖的。为了不使连衣裙的样式显得单调，俄罗斯族女性常常会在夏季的连衣裙领口配上一圈机绣或钩织的花边，或白布作装饰领。不仅领口有装饰，而且胸前也多配有装饰物，或装饰一些皱边，或装饰一个蝴蝶结。

尤普卡

尤普卡

布拉吉

法勒土克 俄语围裙称为“法勒土克”，千百年来它被俄罗斯族女性演化成必备的服饰之一。俄罗斯族的围裙，一般是用白色的棉布或浅色小碎花棉布缝制的。和裙子一样长短，围裙镶了一圈一寸长的皱边，上部有一个较大的口袋，是放钥匙或零食的地方。过去俄罗斯族女性参加工作的少，大部分在家做家务，因此每位女性都会围一条围裙。围裙必须天天洗，保持清洁，不然会遭到其他女性的耻笑。

法勒土克

蒲哈维沙日服 冬季，俄罗斯族女性会戴一种叫“蒲哈维沙日服”的毛围巾。这是一种用毛线或绒线织成的方形大围巾，是俄罗斯族女性冬季御寒的必需品。这种大方毛围巾呈宽约1米的正方形，颜色一般以驼色、深灰色为主。戴时，将其对角折成三角形，戴到头顶至额头发际处，然后抓住两个角，使其在胸前交叉，将其两角置于腋下，最后穿上大衣。这种毛头巾比较厚，手感柔软，是很好的御寒物品。

蒲哈维沙日服

男性服饰

俄罗斯族男子一般穿衬衫、裤子、外套，喜欢戴帽子，穿皮靴。

卡撒瓦罗特卡 “卡撒瓦罗特卡”是一种领纽在侧面的传统

卡撒瓦罗特卡

男式套头衬衫，领口镶一约3厘米宽的小立领，偏开口处较长，至胸的位置钉有小纽扣，十几个不等。这种斜领套衫的胸围和袖子宽大，便于男性劳动和穿脱之方便。袖口镶一窄边或抽松紧收拢，衣长超过臀部，领边、偏开领处及下摆处都绣着彩色十字绣图案，腰间系一带穗的丝带。这种斜领衬衫多为中青年男子穿着。

直开领的套头衫又分有领和无领两种，领边和直开口的两边均绣有十字绣图案。这种套衫多为中老年男性喜爱。

沙拉瓦雷　一种叫“沙拉瓦雷”的灯笼裤，是一种传统的俄罗斯男子穿的肥大裤子。这种裤子多用华达呢或条绒布缝制，臀部、裤腿都比较宽大，腰间和裤脚用松紧抽起来。由于这种裤子裤腿宽大，走起路来裤腿之间发出“沙沙”声，所以“沙拉瓦雷”在俄语里的意思是“发出沙沙声的肥裤子”。这种裤子以前多为农村劳动者穿用，劳动时腿部动作不受限制，裤脚抽松紧既卫生又不会被树枝等挂住，同时也可防止麦芒扎皮肤，因而适合田间劳动和老年人穿着。城里的男子则喜欢穿马裤。

沙拉瓦雷

鞋

◀ 皮美

皮美 俄罗斯族多居住在寒冷地带，冬季雪很厚，因此俄罗斯族人喜欢穿一种毡筒的雪地鞋，俄语叫“皮美”。它是一种用细密的白毡子在毡靴模型上加工而成的，专门适合冬季穿的御寒用品。它是用毡子做的，样子像靴子，故在汉语中叫作毡靴。毡靴的靴身、靴帮、靴底是完整的一体，没有接缝，靴筒高至膝下（因为这种靴粗细像个小烟囱，故在新疆民间俗称“毡筒”）。毡靴里面宽大，穿毡靴时要打裹脚布或穿毛织袜子，并连裤腿一起掖进毡靴里，隔绝了寒风的侵入，起到了保暖的作用。

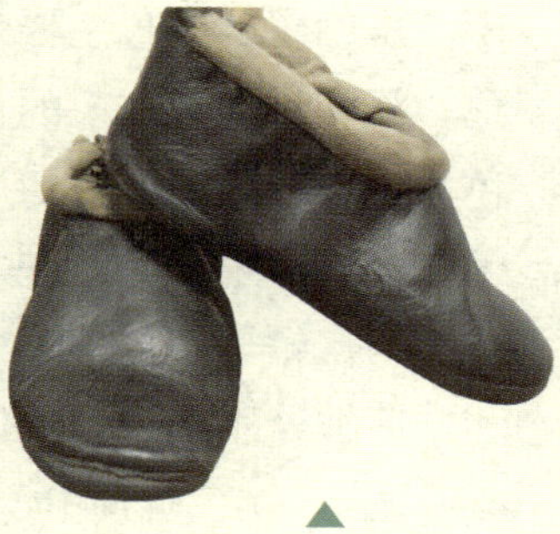

▲

卡拉什

卡拉什 俄罗斯族人冬春季喜欢穿一种叫“卡拉什”的橡胶套鞋。它是一种穿在鞋外面的卫生鞋。套鞋是用橡胶制作的，黑色，矮帮，大圆口，鞋底宽大且厚，有凹凸分明的防滑纹。这种鞋是在春、秋、冬季穿着的，有卫生、防滑、保暖的功效，是一种文明鞋，深受俄罗斯族人的喜爱。冬季，俄罗斯族还喜欢穿一种叫“切萨尼给”的白色软毡靴。这种软毡靴既轻便、柔软，又保暖，但只适合在地板或地毯上行走，所以老人出门时，就在软毡靴上套上胶皮套鞋，既防滑、保暖，又有护革的功效。进屋便把套鞋脱掉。在雪滑和多雨的季节，皮鞋受潮容易变形，损坏皮革，外出时套上胶皮套鞋，就可以避免这些损失，既保护了皮鞋，又卫生。冬季穿单皮鞋在户外比较冷，套上套鞋就不会冻脚了。进入室内脱掉套鞋，既卫生，又轻便，易于清理。

皮帽子和大衣

冬季皮帽 冬季俄罗斯族男女都喜欢戴皮帽子，俄语叫“米哈瓦亚沙布卡”，它分不同的样式、质地和颜色。俄罗斯族男子戴的皮帽子由狐狸皮、黑貂皮、羊羔皮和羊剪绒等皮毛制作，样式有船形的、平顶的。帽檐儿有浅的和深的，浅帽檐儿的露出耳朵，寒冷时可在上面加裹一块毛围巾，深的可直接把额头、耳朵护在里面。还有平顶皮制面的，护耳和护脖子部分是羊羔皮或羊剪绒缝制的。这种皮帽子平时将护耳和护脖子部分外翻折起来，用两根带儿在顶部系一个结，寒冷时放下护耳和护脖子部分，并在领下系个结，可护住脸颊，抵御风寒。皮帽子的颜色主要是黑色、深咖啡色和皮毛的自然色。俄罗斯族女性戴的皮帽子主要是狐狸皮和貂皮的；小孩的皮帽子多是用羊羔皮和羊剪绒缝制的，形状像头盔，有黑色、咖啡色、灰色、白色等。

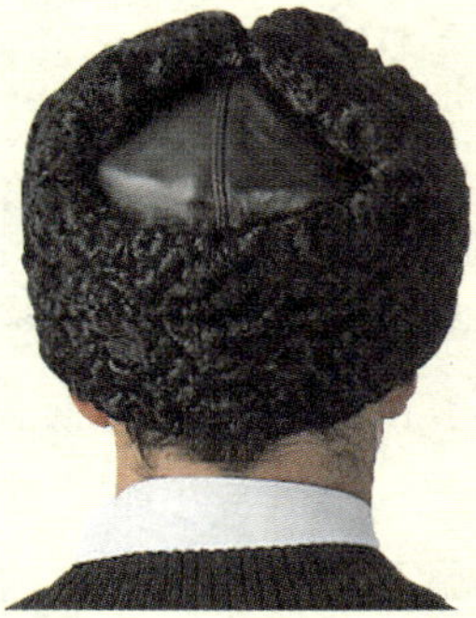

冬季皮帽子

帕里托 俄罗斯族男女都喜欢穿大衣，俄语叫“帕里托”，新疆人穿呢子大衣的习惯就是俄罗斯人传来的，新疆当地很多少数民族的语言中也借用俄语把大衣叫作“帕里托”。

帕里托

新时代下的俄罗斯族服饰

俄罗斯族姑娘传统发式

俄罗斯族是一个热爱生活的民族，无论家境贫富，清洁、端庄的服装永远给人一种文明、高雅的感觉。

如今，在城市中穿民族服装的俄罗斯人已很少见了。只有在农村，或是在重大节日时，人们才换上传统的民族服装。现代俄罗斯族的服装特色是整洁、端庄、大方、和谐。

按俄罗斯的传统习惯，俄罗斯族姑娘的发式是梳一条长辫子，辫梢用白色或粉色、蓝色缎带扎一个蝴蝶结，结婚后就要盘成发髻。小姑娘从小梳两条小辫子；中老年人梳发鬏。俄罗斯族女性头上喜欢戴一种弯状的曲齿梳子，一是梳理头发，二是作为装饰物。此外俄罗斯族女性必须穿裙子，特别是在公众场合和正式场合喜欢戴镶嵌红宝石的戒指、耳环，并且喜欢戴项链。

而今，俄罗斯族妇女仍保持着这一传统。近年来，俄罗斯族的服饰与世界时装潮流接轨，各类世界流行时装和中国特色的服饰已渐渐深入他们的日常生活。

节日

俄罗斯族的民间传统节日大多数与东正教有关，如圣诞节、洗礼节、谢肉节、报喜节、柳枝节、复活节、祭扫亲人节、圣灵降临节、圣母安息节、举荣圣架节、圣母进殿节等。随着时代的发展，昔日的宗教节日已失去原来的意义，中国俄罗斯族的民间传统节日很多成为俄罗斯族人的民间习俗节日。中国俄罗斯族保留的民间传统节日主要有：圣诞节、复活节、谢肉节、报喜节、圣灵降临节等。除此之外，还过汉族的春节、元宵节、八月十五等民间传统节日。

圣诞节

圣诞节原为纪念耶稣诞生的节日。东正教规定圣诞节为俄历十二月二十五日，对照公历就是1月7日，中国俄罗斯族也于1月7日欢度圣诞节，并持续数日。1983年，新疆维吾尔自治区人民政府批准全疆俄罗斯族在圣诞节和复活节各放假一天。因此，圣诞节和复活节已成为新疆俄罗斯族的法定节日。

俄罗斯族认为圣诞节是新的一年的开始，在圣诞期间，节日仪式与活动的中心内容是祈求在新的一年里幸福美满、硕果累累。每年的1月6日要过圣诞夜。信教的俄罗斯族人都要去东正教堂做祈祷活动，同唱庆祝圣诞节歌“科里亚达”，还要搞捐赠活动。相传如果人们特别是一些有钱的人这时慷慨解囊帮助贫穷的人，那他们就永远不会变穷。按古老风俗，在圣诞之夜，直到天上的星星出来，俄罗斯族才吃全家人团聚、丰盛的圣诞夜饭。在圣诞夜的晚餐期间，俄罗斯族农民举行供奉圣诞老人的活动，祈求圣诞老人“夏天休息，冬天再来”。因为农民都知道，出现春寒是常有的事，所以他们象征性地款待圣诞老人，祈求别在春

圣诞节
祷告

◀ 圣诞节化装后去各家“乞讨”的青年

天冻坏冬小麦等。

在圣诞之夜的晚餐期间，农村的田野里都要燃起篝火，火光红焰照亮雪野。人们把这当作庆祝太阳的生日，是新的艳阳高照的开始。农民认为，篝火红红火火，新的一年庄稼就会茁壮成长，喜获丰收。圣诞之夜，青年人会戴上各种动物面罩，化装成牛、羊、熊等各种动物，三五个人一伙，背个包或篮子去各家“乞讨”。他们敲开好客之家的门（一般是熟人），会受到主人的热情欢迎。进屋后他们唱圣诞歌，祝福主人全家幸福兴旺，主人为他们摆上茶点招待，临走时还要送一些食品。去过几家后，包或篮子就满了，青年人就聚在一起分享食物，共庆圣诞之夜。

▲ 圣诞树

知识链接 **圣诞树** 俄语叫作“约勒卡”，又叫新年松树，作为庆祝圣诞节的一种装饰品，从18世纪开始盛行于欧洲。俄罗斯族圣诞节前夕家家要布置松、杉之类塔形的常青树作圣诞树。

圣诞节前，俄罗斯族家庭要打扫房间，清洗衣物，烤制面包，制作果酱甜点，宰鸡、鹅等，以备圣诞夜食用。圣诞之夜全家人要团聚，吃一顿丰盛的团圆饭，按习惯，餐桌上要有鸡或鹅，象征吉

◀ 丰盛的圣诞夜团圆饭

热闹非凡的圣诞节晚会

祥幸福，还要喝香槟酒，以示日子美满香甜。

俄罗斯族人在圣诞节期间常常聚集到一起唱歌、跳舞。晚上，大人、小孩穿上节日盛装来到活动会场，大家带着各种动物图形的头饰，围着五彩缤纷的圣诞树唱歌、跳舞。圣诞钟声一响，圣诞老人就会背着一个装满各式小礼物的大口袋出现在台上，向人们问候节日，人群中响起一片欢呼声和掌声，然后圣诞老人在欢快的手风琴乐曲伴奏中，给大家分发圣诞礼物。

新年

1月14日是俄罗斯族的新年，相当于汉族人的春节，人们相互拜年、聚会。客人进主人家问过新年好后，撒一把谷物，祝新的一年五谷丰登。因为新年在圣诞节节期，因而现在不专门过。

洗礼节

1月19日是东正教的洗礼节，是纪念耶稣受洗的日子。洗礼节这天，信教的俄罗斯族人会去接“圣水”。所谓圣水，就是1月19日那天清晨到江河里破冰取来的凉水。

圣水接来后，老人要把家中供奉的铜质圣像在水中浸三下，作一些祷告，然后让家庭成员每人喝几口圣水，意为保佑平安，

洗礼节

清晨到河里破冰洗浴，祈求平安的信徒

清晨到江河里破冰取水的信徒

无灾无病。此外还要用圣水喷洒房间，据说圣水有驱邪治病的作用，可以消除小孩受惊吓之症状。另外，俄罗斯族在搬迁新居的时候，有用圣水喷洒新居的习俗，意为驱除恶魔，保佑平安等。剩余的圣水要用清洁的容器装起来，封好口，备以后用，因为1月19日这一天全世界的东正教神父、圣徒都在诵经、做祈祷，所以这一天清晨的水装在容器里几年也不会变质，始终清澈透明，具有“圣力”。信教的人这一天要去教堂做祈祷，健康的人还要跳进冰窟窿里洗一洗。

谢肉节

谢肉节又名送冬节。俄罗斯族的谢肉节从每年2月26日开始，在复活节前第八周，大斋前的一星期，因封斋期教会禁止肉食，故人们在此期间举行各种宴饮、跳舞，称为“谢肉”。俄罗斯族的谢肉节为一周七天，每天都有不同名称：第一天为迎节日，第二天为始欢日，第三天为大宴狂欢日，第四天为拳赛日，第五天为岳母晚会日，第六天为小姑子聚会日，第七天为送别日。

谢肉节期间要吃象征太阳的煎饼，象征着送走寒冬，迎接温暖明媚的春天来临，故谢肉节又称太阳节，欢庆太阳的“复苏”。按风俗，有的地方把做好的第一张煎饼放在风窗上祭祖，另外一些地方把第一张煎饼放在田地里，以祈求太阳尽快使大地解冻，所以又叫作送冬节，也是迎接春天、迎接春耕季节到来的日子。

按风俗，谢肉节后将是49天的斋期（7周），所以有要举办婚事的人家应在斋期前办理。

谢肉节中丰富多彩的活动

知识链接 **斋期** 俄语叫作“波斯特”。一周的谢肉节过后，是东正教的大斋期，为49天。斋期期间，教民禁食一切与动物有关的食物，如肉、牛奶、奶油、鸡蛋等，意为悼念钉在十字架上受难的耶稣。现在只有一些俄罗斯族老人仍恪守这个教规，而年轻人则不太避讳。斋期的最后一周，即第七周，俄罗斯族人把这一周叫作“斯特拉斯那哑聂节利亚”，即耶稣受难周，对信教的人来说，如果在第六周的斋期内没有受戒的话，那么在这最后一周必须吃素。

斋期

报喜节

报喜节，时间在4月7日，原是宗教节日，耶稣教所传，天使于此日告诉圣母说将生耶稣。信教的俄罗斯族人这天要去教堂做祈祷，唱圣歌，为圣母马利亚祝福。在民间，此时春天来临，孩子们把做成鸟状的饼干带到田地里，抛向天空，再接住，以示迎春，姑娘们把用纸或布扎成的各种小鸟挂在树枝上，摇动树枝，唱着春歌。这些风俗在新疆伊犁、塔城等地的农村保留下来。

报喜节

柳枝节

柳枝节或称柳枝主日，节日是在复活节前一周的星期日，是纪念耶稣带领十二门徒进入耶路撒冷城堡的日子。传说当时人们把衣服和棕榈树枝铺在路上，迎耶稣进城，所以又叫“棕枝主日”或“主进圣城节”。

这一天俄罗斯族人早上起床后要去郊外树林，采折刚发芽的柳树枝，然后带着柳树枝去教堂做祈祷。祈祷结束后，神父会用柳树枝蘸圣水向众人喷洒、祝福。众人也相互用柳枝轻轻抽打对方，边抽打口中边念：“用柳枝抽，用柳枝抽，直到你眼泪流。”据说这天的柳枝有祛病镇痛的作用，用柳枝抽打对方的腰、腿等部位，可以消除腰腿之病痛，而被抽打的人则说：“我的腰不疼了，我的腿不疼了。”新疆乌鲁木齐地区的俄罗斯族每年都过这个节日。

手持柳枝的小姑娘

用柳枝相互拍打的人群

◀ 复活节

复活节

复活节是纪念耶稣复活的节日。复活节没有固定日期，教会规定每年春分月圆后的第一个星期日为复活节，东正教因历法不同，复活节的具体日期同天主教、新教常常差一两个星期，约在每年的四五月间。一般不早于4月4日，不晚于5月10日。

复活节是中国俄罗斯族最大、最隆重的节日，被称为“节中节”。复活节前一周俄罗斯族就开始准备过节了，粉刷房屋，清洗衣物，各家都要烤制杂拉其（奶油小面包）、比罗合（果酱甜点）和饼干等。特别是每家都要烤制复活节的标志物——圆柱形的奶油甜面包，俄语叫作“巴斯尕”。

知识链接 **巴斯尕** 一种祭祀性食品，一年中只在复活节烤制巴斯尕，因而它成为复活节的象征，意为“复活节蛋糕”。

◀ 巴斯尕和彩蛋

复活节期间家家户户煮鸡蛋，不仅自己吃，还要分送邻里，以示同庆。所以复活节在民间还有“彩蛋节”的俗称。说到染鸡

复活节俄罗斯族家庭敲彩蛋仪式

蛋，俄罗斯族人有一个独特、环保的染色方法，那就是把红色洋葱皮放在水中和鸡蛋一起煮，煮出来的鸡蛋皮是褐红色的。用红色洋葱皮染出的鸡蛋不掉色，是真正的绿色环保食品。按俄罗斯族的习俗，巴斯尕和复活节彩蛋在复活节前夕不得食用，因为斋期还没有结束。

复活节前夕（星期六晚上），信教的俄罗斯族人要在家中耶稣像前点燃蜡烛，供上巴斯尕和彩蛋，去教堂做祈祷，等待耶稣复活时刻的来临。午夜12点，有教士喊“耶稣复活了”，众教徒跟着喊“耶稣复活了”，众人互相拥抱，亲吻面颊，交换彩蛋。教堂要把少量的面饼和葡萄酒分给教徒吃，称之领受“圣餐”，据说吃了“圣餐”的人会得到幸福。复活节这天早上，俄罗斯族人要喝牛奶、吃彩蛋，分吃经过祝福的“巴斯尕”，这叫开斋。在吃鸡蛋时，还有一个小小的仪式：长辈要把鸡蛋放在对方的头顶上，用掌心按照顺时针方向滚动三圈，口中祈祷三遍“耶稣复活了”，然后把鸡蛋交给对方。对方接过鸡蛋也要说“耶稣复活了”，然后剥皮把蛋吃了。复活节彩蛋还要分送邻里或互相交换，以象征生命的生机和繁衍。

复活节期间，俄罗斯族每家都准备好了丰盛的食品，身着节日盛装，相互祝贺、走访，聚会宴饮。复活节这天，俄罗斯族人见面后的第一句话要说：“赫里斯托斯，瓦斯克列斯”，意为“耶稣复活了”，对方也高兴地用俄语回答说：“瓦依斯吉努·瓦斯克列斯”，意为“真正复活了”！然后双方要互相拥抱、亲吻面颊三次，长辈对晚辈则行额头礼。按俄罗斯族的习俗，祝贺者不一定是熟人，只要是俄罗斯族人都可以在这天互相拥抱、亲吻，以示节日祝贺。

祭扫亲人节

祭扫亲人节，俄语叫“拉吉且列斯给·杰尼”，在复活节后第九天（星期二），是俄罗斯族给亲人上坟扫墓的日子，同汉族的清明节。

俄罗斯族墓

俄罗斯族人可以在一年中的任何一天去上坟，一年内也可以上数次，但这一天是传统的祭扫日。俄罗斯族人上坟主要是清除坟上的杂草，清理四周的卫生，在墓碑前摆上亡者生前爱吃的食品，为亡者点燃蜡烛，做祈祷。

祭扫

俄罗斯族上坟这天要带一小碗蜜糖米饭，俄语叫作“古其亚”，还要带一些煎饼和复活节煮的彩蛋、巴斯尕等食品，另外还要带一瓶清水、蜡烛、煎饼等食物。如果亡者生前喜欢喝酒，还要带一瓶酒，除此之外要带上在帕斯喀节之前，每家种的一小盆麦子，翠绿的麦苗长出后，祭扫亲人节时供奉在逝者墓前，期望今年庄稼获得丰收。

知识链接 巴斯尕一直要摆放到复活节后第九天——祭扫亲人节才食用。俄罗斯族庆祝复活节时还有一个习俗，就是在复活节前约两周，在花盆里撒下麦种或把土和麦种拌在一起装在网眼线袋里，每天浇点水，待复活节来临时，小麦发芽长得蓬蓬勃勃、绿油油的，摆在窗台上，到祭扫亲人节那天带到坟地摆在亲人墓前，意思是祈求亲人的在天之灵保佑粮食丰收。

体育

文化是一种生活方式，体育是人类文化重要组成部分，体育文化是主流背景下的一种亚文化。俄罗斯民族文化深厚，20世纪初，随着数十万俄罗斯侨民涌入中国，不仅给其他民族带来了异域生活方式，使本土文化在与俄罗斯为主体的外来文化冲突、碰撞中获得了独特韵味，也使华夏文化在与外来文化碰撞中打下俄罗斯文化印记。俄罗斯族开启了当地现代体育的先河，也促使了体育文化从传统向现代蜕变，成为不失地域特色和民族风貌的现代体育文化。

俄罗斯族人属于欧罗巴人种，在体质上体魄健壮，耐力强，体育竞技有许多超常的优势。同时，俄罗斯侨民也积极利用各类场地设施开展了丰富多彩的体育运动。

田径项目开始普及

第一位著名俄罗斯族运动员是库普钦斯基，他擅长中长跑。契尔年科在当时上海举行的中国奥林匹克运动会上获得了短跑、长跑冠军。20世纪20年代末，哈尔滨体育的田径项目在全国乃至世界出尽了风头，如撑竿跳的符保卢、百米的吴景耀在东北或华北运动会上获得过冠、亚军。阿拉·瓦拉卓娃（董淑才）在20世纪50年代全国田径运动会上打破女子800米全国纪录，获“运动健将”称号；20世纪五六十年代，尤拉·扎万林（李斌正）多次打破西北五省标枪、铅球、铁饼投掷纪录，获“国家田径项目一级裁判员”和“优秀运动员”称号。卡嘉（付建萍）在全国田径赛中多次取得优异成绩；2008年，北京奥运圣火传递到乌鲁木齐，卡嘉代表俄罗斯族为火炬传递手。

拳击和摔跤俱乐部活动频繁

康斯坦丁·雅科维茨在远东拳击赛场上保持了十年不败的纪录。尼格莱依（曹国民），是1966年出生于新疆塔城的摔跤后起之秀，他多次获得自由式摔跤冠军，1988被国家体委授予“运动健将”称号，现任自治区体委国际自由式摔跤队教练。

球类项目受到欢迎

网球运动发展较快，在1920—1927年间，叶夫根尼亚·伊万诺娃·布劳恩连续获得哈尔滨网球赛冠军，引起轰动。1963年，捧回全国冠军金杯的新疆女篮队员中，就有3名是塔城的俄罗斯族姑娘：柳芭（郭秀英）、柳芭（由桂香）、丽娜（于春香）。

1963年，荣获全国女篮冠军的新疆队中有3名俄罗斯族姑娘

1953年，以俄罗斯族为主的新疆第一支足球队

水上运动活跃

1925年时，水管局拥有两处划船俱乐部，一处称之为“漂泊者”，另一处称之为“帕维尔·鲍罗金”，划船俱乐部经常举办帆船和划艇比赛，松花江上曾出现过千帆竞秀百舸争流的亮丽景象。

冰上运动盛行

当时“在亚洲和远东地区，没有能和哈尔滨俄罗斯冰球队匹敌的球队。而哈尔滨最好的冰球队是哈尔滨新体育协会冰球队”，他们曾战胜过当时世界冰球劲旅——美国队，为哈尔滨冰上运动史写下了辉煌的一页。

俄罗斯侨民给自己所居住地区的体育文化带来了深刻的影响。第一，开启了现代体育运动的篇章；第二，奠定了现代体育发展的基础。

游艺

俄罗斯族是热爱生活、热爱和平，而又崇尚勤劳、勇敢、智慧的民族，他们生活的自然环境，让他们形成了互相帮助、共同克服困难的精神。俄罗斯族人以自己天生的热情和对大自然无比的爱护，在生活中通过进行各种游艺活动，丰富了自己的生活内容，同时熏陶了年轻一代对大自然的爱和对体育运动及强身健体的热爱。俄罗斯民族的游艺民俗体现出来的深层内容，无疑应该值得充分肯定。

▲

俄罗斯纸牌“卡尔特依”

家庭游艺活动

新中国成立前，俄罗斯姑娘们冬天的晚上轮流集中在各家里，手里拿着活儿，主要是编织花边，俄语叫作“克鲁热涡沃”，大家喝茶、吃甜点，一起合唱古老的民歌，这种青年人为了娱乐的晚间集会叫作“帕西捷里克”。

由于俄罗斯人居住分散，很难集中起来搞集体游戏活动，只是在家里亲友近邻凑在一起下国际象棋、跳棋或玩纸牌，这些游戏俄语分别叫作“沙哈玛特依”“沙什克衣”“卡尔特依”。

▲

俄罗斯国际象棋“沙哈玛特依”

▲

俄罗斯跳棋“沙什克衣”

冬天的另一种活动是青年男女的娱乐晚会，俄语叫“维切林卡”。这种小型娱乐晚会是专属青年人的，有拉手风琴的，有弹吉他的，有拨弄三弦琴的，大家唱歌跳舞，还要喝伏特加酒和红葡萄酒，一直玩到午夜。这种晚会也是青年男女互相接近、谈情说爱的好机会。玩到规定的时间后就回家了，这时，小伙子们就会送姑娘们回家。

乐透

青年人还玩一种叫“方特”的游戏，这种游戏得有主持人，让参加游戏的人每人分别寻找一件被藏起来的东西或猜一个谜语，未能找到或未能猜中者就要交出一件东西，然后让一个被蒙着眼睛的人说出这个东西或说个笑话。这种小型家庭聚会是轮着在各家举行的，直到开春播种为止。

乐透是俄罗斯族人经常玩的一种纸牌游戏，它不受人数、场地和年龄的限制，男女老少皆宜，是俄罗斯族群众中传播很广的一种娱乐活动。

知识链接 乐透由三部分组成，纸牌90张、棋子牌和盖码。每张纸牌横有9格，三行27个方格。棋子为腰鼓形状，两头刻有1~90的数字，名叫乐透。盖码由纸、塑料等制成，多为圆形，直径1.5厘米。

室外游艺活动

古代俄罗斯人溜冰场景

溜冰　俄罗斯族青年人很爱溜冰，冬季乡村河流因被积雪堵塞，河水溢出流入两岸低地，形成了天然溜冰场。青年男女和儿童带着冰刀在那里滑冰，或做花样滑冰，或进行快速比赛。整个冰场上充满快乐的笑声和叫喊声。

滑雪橇 滑雪橇也是俄罗斯族人冬季喜爱的户外运动之一。这种手拉的小雪橇“萨尼”高约30厘米，长约60厘米，宽约40厘米，除了上面坐的部分铺着木板外，其余部分全是用铁条弯成的。它是每个俄罗斯家庭必备的实用物件，既可当运输工具拉面粉、煤等物资，又是滑雪的娱乐器具。

冰球 有些男孩子还玩冰球，俄语叫作“霍衣巴”。冰球都是自己做的。由于俄罗斯人有从小滑冰的爱好，所以俄罗斯族青年中滑冰能手比比皆是。20世纪50至60年代，新疆冰球队运动员中差不多一半都是俄罗斯族青年，其中像亚沙、尤拉等都是在全国滑冰运动会上荣获“中华人民共和国一级运动员”称号的俄罗斯族青年。

野外活动 春、夏季人们多喜欢在野外休闲，姑娘们采摘野花编成花环，戴在头上，还把花环扔进小河，看花环在流水中的转向，据说花环在流水中的转向就是将来未婚夫出现的方向。青年人在野外点起篝火，大家手拉手，唱着歌，绕着篝火跳转环舞，然后姑娘们开始玩跳篝火游戏，她们通过跳过篝火时火舌的摆动，来预测这个姑娘今年的运气。

俄罗斯族小伙子还喜欢打其日克（杂杂）、打郭拉德克棒（意思是攻城堡）、打巴布克衣（羊拐子）等多种游艺活动。

“拉甫塔” 开春后，男青年们则喜欢到村外的平地上玩俄罗斯式的棒球游戏，俄语叫“拉甫塔”。

拉甫塔

打杂杂　俄罗斯族青年、儿童喜欢玩的一种户外游戏是打杂杂，俄语叫“其日克”。这种游戏就是用一个长约70厘米的长棍子打长10厘米~15厘米、两头呈尖状的短木棍。具体打法是：先用长木棍打短木棍的尖头，使其蹦到空中，再用长木棍打它，谁打得最远谁就算赢了。其长度用长木棍测量。

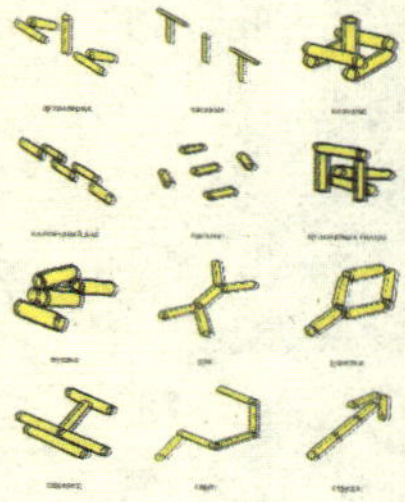

打棒游戏“攻城堡”木棒摆放方式

打棒游戏“攻城堡”　俄语叫“郭拉德克依”，意思是“攻城堡”。

摆放5根短木棒打棒游戏“攻城堡”

俄罗斯族传统打棒游戏——“攻城堡”

游戏者可以是两人、四人、六人等，分为两方。游戏场地为三四十米长宽的平地，画上两个城堡，即边长大约为3米的正方形，两个正方形相距20米。游戏用具是：若干10厘米粗、一头削得细一些使人方便抓住的长木棒，5根10厘米粗、25厘米长的短木棒，这两种木棒都是圆的。

打拐子　打拐子俄语叫“巴布克衣”，是儿童用羊拐子向远处的另一个羊拐子打去，打中者为胜，并赢得对方羊拐子的游艺活动。

马戏　即冰上赛走马，俄语叫“卡塔斯卡”。冬季河水结冰，是俄罗斯族村庄里赛走马的好时机，时间是星期六或星期天晚上。赛走马有两种：一种是马一侧的前后腿同时提起，同时放下的走马，俄语叫“依诺哈捷次”；另一种是提小腿，不同时着地的走马，这两种走马都比前两腿和后两腿同时落地而跑的马走得快。届时，俄罗斯族青年人骑上自己调养得很好的赛马聚集到冰河上，来观看的人和其他民族的骑手也不少。

纯牛奶
Pure Milk
Babys

第五章
礼俗与禁忌

俄罗斯族的风俗礼仪同世界许多民族一样是社会发展中长期延续形成的礼节、风俗等的总和，俄罗斯族民俗文化在几个世纪的形成的过程中，不断以民族自身的和世界文化、中华文化丰富自己，它是华夏文明中不可分割的光耀明珠。

人生礼仪

俄罗斯族是一个勤劳、勇敢、善良而又富有情感和道德传统的民族，他们在长期的社会生产生活实践中形成了具有自己民族特色的伦理思想。俄罗斯族伦理思想是俄罗斯族在历史上形成的各种伦理思想和道德观念的总称。

俄罗斯族少女

俄罗斯族是一个讲究文明礼仪的民族。举止文明、文雅是人们崇尚的品质；粗野、低俗、不文明则不受欢迎。

问候礼节

俄罗斯族人注重礼貌，一般熟人见面一定会点头打招呼，早上第一次见面都要问声“早上好”，白天见面道一声“您好”，晚上见面说“晚上好”，道别时说“再见”。除了问好外，俄罗斯族人还有施以亲吻的礼节习惯。长辈亲吻晚辈的面颊，表示疼爱，尤其是长辈对隔代晚辈表示疼爱和祝福时吻额头。一般来说，成年女性好友相见时多拥抱，吻面颊；男性之间多握手，拥抱。只有夫妻间才可以吻嘴，特别是婚礼上，新郎、新娘必须当众接吻。

俄罗斯族人初次见面时，都是很礼貌地问好，一般不询问对方的生活隐私，不问年龄大小、工资收入多少，否则会被视为失礼。路上相遇，一般也不问对方到哪儿去。

待客礼节

外出时要衣着整洁，尤其去朋友家做客，一要按时；二要服装整洁；三是初次登门要给主人带上适当的小礼物，如食品等，这既反映了本人的素养，又是对主人的尊重。

俄罗斯族热情好客，朋友之间的往来比较密切，经常喜欢邀请朋友来家中用餐。到俄罗斯族人家里去做客，一定要先敲门，并问："可以进来吗？"在得到主人答复后才能入内。进门前，应在门口的擦鞋垫上擦净鞋底再进屋。如果主人家是木地板，那一定要脱鞋进入或换上主人提供的拖鞋，不能穿鞋进屋里。进屋后，要脱掉外衣，男士一定要脱下帽子，向主人问好。进屋后要坐在椅子或沙发上，不能随便坐人家的床，床是忌讳外人坐的。如果屋内有其他人，一定要逐个问候打招呼。

俄罗斯族家中来了客人，女主人一定会热情招待，为客人端上茶水，摆上糖果、甜点等食品。在主人家不能随便吸烟，如要吸烟，要先征得主人同意，还应注意烟灰和烟头不要乱扔，要放进烟灰缸内。客人离别时，主人一般也会回赠小礼品，并说欢迎再来。

日常礼节

如果一个家庭成员出门远行，全家人就会在其出门前静坐几分钟，心里默默祷祝他一路平安。告别时互相拥抱，亲吻，送行者会说"斯波杂木"，意思是"老天保佑"；或者说"斯恰似里瓦亚达罗杂"，意思是"一路平安"。远行者则回答说"斯恰似里瓦，阿斯塔瓦嚓"，意思是"祝你在家平安"。如果出门者是年轻人，还要脱帽对老人施以深深的鞠躬礼。

和别人谈话时，不要当着大家的面抠鼻子，对着别人打喷嚏，这样会引起大家反感。朋友或家人在一起时，有人打了喷嚏，其他人就会说"祝你健康"，当事人也会说声"谢谢"。

朋友间见面用力握手表示关系亲近，握手时要摘下手套，身体站直，保持一定距离，不能用力摇对方的手，否则会被认为没有教养。遇到长辈、女性、上级时不能先伸手，对方是初次见面的女性，一般不握手，而是鞠躬；几个人相互握手时，忌讳形成十字交叉形。俄罗斯族有女性优先的习俗，上下车时，男士请女士在先；入座时请女士先坐；吸烟时须先征得在座女士的允许；晚会或宴会后送女士回家。俄罗斯族很注意不在公共场所喧哗，不随地吐痰。行走或乘车时主动为老人和孕妇让路、让座。

俄罗斯族家庭中老人不仅受到尊敬，而且地位较高，儿女奉养老人被认为是天经地义的事。儿女下班、孙儿孙女放学回到家都要先向老人问好。老人一般不承担繁重的家务劳动，偶尔做做饭，看看孙儿孙女。吃饭时老人坐上首，饭先给老人盛。父亲在家中占主要地位，是威严、权力的象征。一般一家人的团聚饭一定要等到父亲回家后才开始，母亲主管饮食，儿女只当助手。吃饭的时候不能吃出声来，不能将列巴或别的食品渣掉在地上，桌上的饭渣要吃掉，如果不捡干净，老人就会说“上帝不允许这样”。吃过饭离开餐桌时孩子总要说声“谢谢爸爸、妈妈”。过去老人在饭前还要做祈祷。家中的兄长对自己的姐姐、妹妹有保护的义务，如果外人欺负了自己的姐姐或妹妹，兄长就会挺身而出。

俄罗斯族家庭聚餐

以前，俄罗斯族的家庭多是由三代人组成的大家庭，现在已趋向于两代人的小家庭，但丧失劳动力的老人则是和儿女生活在一起，或是和长孙、长孙女生活在一起。老人可以和儿子生活在一起，也可以和女儿生活在一起，没有严格的规定。俄罗斯族有一个习俗，分开过的儿女总是把自己的第一个孩子送到老人处抚养，他们对老人说：“骨头是我的，肉是你们的，你们可以教育，可以打，只要骨头不断。”

婚俗

俄罗斯族崇尚自由恋爱、婚姻自由，对俄罗斯族来说，和其他民族一样，家庭生活中最大的喜庆莫过于婚事了。俄罗斯族人对待婚姻比较严肃，实行一夫一妻制，反对轻率离婚（东正教禁止离婚），规定近亲不能结婚，但允许同其他民族结婚，讲究门当户对。一般是女方嫁到男方家。青年男女提倡自由恋爱，不要彩礼，但传统的说媒定亲仪式要经过提亲、订婚、婚礼等一系列程序，这是结成姻亲过程中不可缺少的环节，婚礼仪式隆重、烦琐。

说媒

俄罗斯族青年男女经过交往，相互了解，建立了感情，确定了恋爱关系后，男方就要告知父母，并由父母请一个媒人正式前往女方家说媒定亲。俄罗斯族人很重视说媒，要想结成姻亲，必须经过说媒这一程序，这样才被群体认为是名正言顺、合法体面的婚姻。否则，必遭女方父母的反对和左邻右舍的非议。在俄罗斯族人看来，有媒人说合的婚姻，才有明媒正娶的合法性，也才符合传统习俗。

父母为新婚夫妇祝福与祈祷

正式前往女方家说媒定亲，由男方的长辈和媒人组成，媒人多选那些能说会道、同双方关系都不错的人。男方去女方家说媒时，一般不带贵重礼品，但一定要带一个用绣花面巾包裹的大圆列巴（面包）。媒人一行到了女方家后就会被请进客厅，按惯例请他们在屋中央的大餐桌前入座。姑娘出来给客人倒上茶，摆上糖果、甜点，然后便悄然离去。这是姑娘与客人“打个照面”的礼节。接着媒人便会将带来的列巴双手交给女方母亲，女方母亲

知识链接 在俄罗斯族的婚俗中，列巴是定情的信物，它对人们的婚姻行为有约束力，切列巴绝不能当儿戏，列巴一旦切开了，婚约就成立，不能言而无信，轻易反悔。带着列巴去提亲是俄罗斯人的古老习俗，至今仍沿袭这个习俗，不过现在人们提亲，除列巴外还带些其他见面礼。

拿出一个大托盘，将列巴放在上面，摆在餐桌上。大家一边喝茶，一边聊天，其间，媒人自然会把话题引到双方儿女身上，诚恳而委婉地说“某某家的儿子看中了你们家的女儿，今天我们是特意为此而来的”等等。在俄罗斯婚俗中，父母很尊重儿女的心愿，这时女方的母亲一般会说“我们没有什么意见，看女儿自己的意愿如何吧”。

按俄罗斯族人的传统习俗，如果姑娘走出来切开了这个具有特定意义的大圆列巴，就等于是表示同意了；反之，就不会出来切列巴。男方看到是“同意”的信号，双方皆大欢喜，女方父母便会拿出一瓶红葡萄酒以示庆贺，大家就着列巴喝几杯酒，说些喜庆的话，然后男方家客人告辞，开始下一步打算的实施。接下来就是在女方家举行订婚宴、议定婚礼、商定婚期了。

婚礼前的准备

婚姻不要彩礼，这是俄罗斯族的优良传统。男方家只需准备姑娘的结婚礼服等必需物品，请客的费用由男女双方自行筹备。女方的陪嫁比较讲究，主要是以后家庭生活的日用物品，婚礼不铺张却很隆重热闹。

俄罗斯族姑娘在出嫁前，把自己的女性好友约到家里吃一顿饭，倾诉一下心里话，表示待嫁新娘即将告别女友，告别少女时代，俄语称“捷维其尼克”。这也是一个古老的习俗。因为过去女子出嫁就意味着失去了往日的自由和快乐，随之而来的是生儿育女、家务劳动，所以对俄罗斯族姑娘而言，婚姻是一件又喜又

待嫁新娘告别女友、告别少女时代仪式——捷维其尼克

悲的事。这一天，待嫁新娘宴请女友们，姑娘们在一起说说笑笑，开待嫁新娘的玩笑，享受款待，还要一起戏谑地唱几支有关出嫁后悲惨命运的民歌。待嫁新娘还要给女友们分送扎辫子的彩带、绣花手绢等小礼品，以示与少女时代告别。

婚礼前几天，新郎家要烤制甜点，准备饭菜和充足的酒。过去婚宴一般在家里举行，亲友、邻里都会来帮忙。

新娘、新郎婚礼服饰

俄罗斯族举行婚礼当天，讲究新娘穿白色的婚礼衣裙，而不穿其他颜色的婚服。过去新娘穿的是用白色“乔其纱”布料缝制的长至鞋面的无领、长袖连衣裙。头上戴一个用淡色绢花扎制的花环，花环上还要披上向后拖至地面的白色“乔其纱”头纱，俄语叫“法塔”。新娘脚上穿白皮鞋，脸上略施淡妆。除了头上的花环外，一身洁白，亭亭玉立，美若鲜花。婚礼这天新郎要穿黑色西装、白衬衣，打领带，脚穿新皮鞋，还要梳理头发、刮脸剃须。

俄罗斯族婚礼

迎亲、接亲

新郎在伴郎、教父、教母、兄妹和好友的陪同下去迎接新娘。接亲时，一般要带上两瓶酒，用红绸带扎裹，还要带上糖果和苏式给（甜面包圈）。在城市，迎亲队伍一般乘坐6辆小轿车，新郎、新娘坐的小轿车要用红绸带和鲜花装饰，还要在车前盖上摆放一对男女洋娃娃。在农村，过去迎亲队伍夏天乘坐三匹马拉

传统俄罗斯婚礼——雪橇马车

的大车，冬天乘坐三匹马拉的雪橇，马车和雪橇都要用彩带装饰，车身到辕架系上铜铃铛。出发时，新郎的母亲会把谷物、糖果和硬币撒到迎亲的路上，象征着一对新人今后的生活不愁吃，不缺钱，日子甜甜蜜蜜。一路上，新郎的朋友拉着手风琴，弹着吉他，迎亲队伍在欢快的俄罗斯乐曲和铜铃声中奔向新娘家。

迎亲车队来到新娘家门外，新娘家早有人将大门关闭。新郎娶亲要过“买路钱”（扎达罗古）、“辫子钱”（扎果瑟）、“席位钱”（扎米斯达）三关后，才入座喝酒吃菜，大家举杯祝福。

到女方家时，大门紧闭还有人把守，把新郎一行挡在门外，索要“买路钱”。于是，主婚人将糖果大把大把地撒向人群。新郎要象征性地给一些钱，迎亲队伍才能按风俗“强行”进入新娘家。进大门后新郎要向新娘的父母问好，并敬上礼品，一般是两瓶红酒和一些自家烤制的甜点。然后说：“爸爸、妈妈，我来接您的女儿来了。”老人们会说：“可以，请你们进屋吧！”

新郎一行欲进屋，但客厅的门紧关着。一般由新娘的妹妹“把守”，向新郎索要姐姐的“辫子钱”，因为按俄罗斯族传统习

新郎娶亲给“买路钱”

俗，姑娘婚前是梳长辫子的，而婚后就要将长辫子盘在脑后梳成发髻。新娘的妹妹向新郎索要姐姐的“辫子钱”，实际上包含了对姐姐依依不舍的离别之情和要新郎报答父母对姐姐的养育之恩。此时新娘的妹妹是认真的，新郎心中也有数，不敢搪塞。新郎在给过买“辫子钱”后，才获得允许进入客厅。

新郎在新娘双亲的陪同下进屋与新娘见面。父亲立即向门缝里敲入铁钉，“以防魔鬼窥视”。此时，打扮一新的新娘在女友们的陪伴下，围着客厅的大长桌而坐。姑娘们一边说笑，一边唱着民歌。新娘旁边本该属于新郎的席位和其他席位都被姑娘们占据。这时就需要新郎买酒宴的“席位权”，经过双方的一番“舌战”和“讨价还价”，直至新郎满足了姑娘们的要求，才算买下了席位权。姑娘们这时才起身让位给迎亲的客人入座喝酒、吃菜。这时的菜一般是凉菜、灌肠、鸡块等，还有列巴片和酒。现在“三关”中的第一关“买路”风俗一直存在、延续着。总之，迎亲这天尽情“刁难”新郎的习俗仍很盛行。

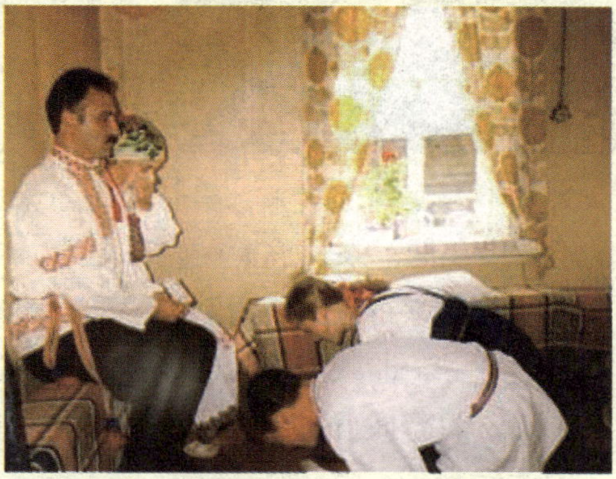

新娘离开父母时的祝福仪式

接新娘离开时，新娘的父母会为新人举行一个小小的祝福仪式，俄语叫“布拉嘎斯拉维尼耶”，即新郎、新娘并排跪在一块地毯上，接受新娘的母亲为他们的祝福。新娘的母亲用托盘端着列巴和盐在他们头顶上划三遍十字，并祈祷上帝保佑他们今后生活幸福、富裕，然后在他们额头上各亲吻一下。新娘告别亲人的时候，会起身来到壁炉前，先告别从小给她温暖和快乐的壁炉，然后向双亲告辞。母亲把大别针挂在女儿的衣裙上，让她带走娘家的智慧和财富。仪式结束后，新郎、新娘等一行驱车去教堂举行证婚仪式。而新娘的父母及亲友等人则直接去新郎家参加热闹而丰盛的婚宴。

教堂结婚典礼

俄罗斯族信仰东正教，婚礼必须在教堂举行才有效，否则被

教堂中的结婚典礼——加冕礼

认为是不合法的。后来，虽然宗教意识减弱，但宗教意识在人们的婚俗中积淀下来，成为民族习俗的一个内容。

在教堂举行结婚典礼，俄语叫“维尼恰尼耶”，它有“加冕礼”的意思，即戴上婚礼冠，使婚礼具有一种神圣性。新郎、新娘在亲友的簇拥下来到教堂，新郎站右边，新娘站左边，手拉手走到诵经台前。教堂的神职人员将点燃的两支花烛分别交给新人，然后向一对新人读祈祷文，大意是：永恒的上帝，你把分离的两人合为一体，让他们永结同心……接着拿起由男方购买的结婚戒指，把女式的戒指套在男方的手指上说：“上帝的仆人某某同某某结为夫妻。”又把另一枚戒指套在女方手指上，说同样的话，然后让男女双方交换戒指。交换完戒指，神职人员为新人戴上象征婚姻圆满和神圣的婚礼冠。接着让新人从浅杯里喝掺了水的红葡萄酒，表示领受圣餐。然后神职人员带着新人走过诵经台，最后取下他们头上的婚礼冠，向他们祝贺说：“吻您的妻子，吻您的丈夫。”说着接过他们手中的蜡烛，新郎、新娘接吻，表示永远相亲相爱。教堂的结婚典礼结束，大家拥着新郎、新娘驱车去男方家。在教堂举行结婚典礼的双方，必须是受过洗礼的人。

教堂里的结婚典礼

在我国，20世纪60年代前常有俄罗斯族青年男女在教堂举行婚礼，后来由于人们宗教意识的淡化，俄罗斯族家庭成员的多民族性及教堂关闭等多方面的原因，这种在教堂举行结婚典礼的婚俗就比较少见了。

“列巴和盐”迎接新人

婚宴

新郎、新娘在教堂举行过结婚典礼回到男方家时，新郎的父母笑容满面地迎上前来，捧着“列巴和盐”迎接新婚夫妇，新婚夫妇向长辈问好，然后象征性地掰一小块列巴蘸一下盐吃下去，表示接受热情的欢迎并致以深深的谢意。人们往新婚夫妇身上撒谷物、花瓣等，表示婚后早生贵子，多子多福。新郎、新娘要叫“爸爸”“妈妈”，然后并排跪在新郎父母面前接受祝福。新郎的母亲会双手托着列巴和盐在新人头顶画十字祝福，祝福他们幸福美满。随着新郎、新娘一行人的到来，便拉开了喜庆婚宴的序幕。先是有一位德高望重的男性大声地正式宣布这对新人结为夫妻，并代表大家向新婚夫妇及双亲表示祝贺。按俄罗斯族的习俗，婚庆宴一般在男方家举行，女方的父母及亲友也参加在男方家的婚宴，所以婚宴上的气氛很热烈。俄罗斯族的宴席讲究把长桌拼起来，沿客厅摆一圈，桌子两边摆上椅子或条凳，来宾面对面坐在桌子两边，气氛显得格外亲切、活跃、热烈。按惯例，新郎、新娘的父母坐在正中的席位上。

结婚仪式中的一对新人

俄罗斯族婚宴的饭菜样式并不多，但具有浓厚的民族特色。桌子上铺着桌布，上面摆着自家烤制的奶油小面包“布勒卡”，果酱甜点“比罗哥”，各种饼干“比切尼叶”。客人先吃甜点喝些茶，然后开始上凉菜，主要有：凉拌菜、酸黄瓜、灌肠和鱼块等。热菜有：红焖肉饼“杂得列特”、土豆烧牛肉和几样中式炒菜。主食比较丰富，有肉和葱馅的油炸包子“比拉什给”、列巴、鸡蛋煎饼“布里内”等。俄罗斯族认为喜宴酒是幸福、甜蜜的象征，喝得越多越高兴。有人会代表来宾向新郎、新娘敬酒，新郎、新娘接过酒杯各自先喝掉一半，然后交换酒杯喝掉剩下的一半，表示今后生活中同甘共苦。来宾代表第二杯酒敬新郎、新娘的父母，祝他们身体健康。接下大家开始用餐，婚宴在欢声笑语中正式开始。

婚宴上不断传来“果尔卡”的喊声。“果尔卡”原表示“苦”的意思，现在喊“果尔卡”却是反语，表示祝愿新人的生活甜蜜、幸福，同时更主要是暗示新人当众接吻的信号。

准备好的婚庆餐桌

来宾代表第二杯酒敬新郎、新娘的父母

婚宴上没有“大小老幼”之分，大家可以相互敬酒，开玩笑，喜庆的气氛非常浓郁。待到酒喝到一定程度后，便有妇女领头唱起古老的民歌和风趣诙谐的流行民歌，大家也跟着一起合唱。这时候手风琴也在吉他的伴奏下奏起华尔兹舞曲、波尔卡舞曲。新郎新娘率先领舞，新郎、新娘的父母、来宾们纷纷响应，宾主翩翩起舞。就这样，婚宴一直持续到深夜宾主完全尽兴，最后送新人入洞房。

夏季，婚宴多半是在院子里进行，这种俄式婚宴的民俗一直保留到现在。但由于现在城市里的婚宴多半在饭店举行，因此饭菜失去了俄罗斯的风味，但唱歌、跳舞的习俗，席间喊“果尔卡”的习俗依然如故。

回娘家

婚后第三天，新婚夫妇要回娘家，俄语叫作“扎布里内”，即去吃煎饼。这一天新婚夫妇在男女傧相的陪伴下，带着礼物回娘家探望新娘的父母及亲人。新娘的父母一定会好好招待女儿、女婿，而且一定要做牛奶鸡蛋煎饼，因为俄语中有这样一个谚语：“第一张煎饼不好煎。”它的寓意是“万事开头难”。新娘的母亲为新婚夫妇做煎饼，是希望他们同甘共苦，共同克服生活中的困难。席间大家唱歌、跳舞，晚饭后新婚夫妇回自己的家。

知识链接 俄罗斯人很重视结婚纪念日，他们把结婚那一天叫作“绿婚”；结婚1周年叫作“花布婚”；结婚5周年叫作“木婚”；结婚7周年叫作“铜婚”；结婚25周年叫作“银婚”，届时的礼物都应是银质的；结婚30周年叫作“珍珠婚”，它表明两人在一起生活了30年，已经像一串珍珠项链上的珍珠一样相互被连在一起了，届时丈夫应该送给妻子有30颗珍珠的项链；结婚35周年叫作“亚麻婚”，届时丈夫要送给妻子亚麻桌布、亚麻床单等；结婚37年半叫作“铝婚”，它象征长久、牢固的幸福；结婚40周年叫作“红宝石婚”，要用红宝石戒指替换结婚戒指，或将红宝石镶嵌在原戒指上；结婚50周年叫作“金刚婚”；70周年叫作“福婚”；一对夫妇的75周年纪念日是最隆重的，叫作“王冠婚”。在这些结婚纪念日，家庭往往要举行一些庆祝活动。

新婚纪念照

洗礼

洗礼原本是入教的仪式，被认为是耶稣订立的圣事，领受洗礼可免除“原罪”和“本罪”，以后有权领受其他“圣事”。但在民间，俄罗斯族赋予它更多的延伸意义。过去教会规定：婴儿出生3~8天便要接受洗礼，并且认为越早越好，因为婴儿一旦夭折，如果没有举行过洗礼仪式，就不能升入天国。但由于婴儿体质脆弱，经冷水刺激后容易生病，甚至夭折，后来这个规定也有所改革。俄罗斯族一般在新生儿满40天至1岁时为其在教堂举行洗礼仪式，并同时为其认“教父”和“教母”。孩子的“教父”和“教母”一般是在孩子出生前后，由孩子的父母选定的，他们一般是由孩子父母的好友或父母亲的兄弟姐妹充当的。俄罗斯族选择“教父”和“教母”，不限年龄，也不限婚否，但规定“教父”和“教母”不能是夫妻关系，据说这是上帝所不允许的。

洗礼

洗礼仪式一般是在教堂由神父主持进行的。进行洗礼时，孩子的父母不能在场，而要由教父、教母参与。在此前教母要为受洗小孩儿准备一套新衣服，教父要为其买一个小十字架，在受洗时为小孩儿穿戴上。首先，“教父”“教母”及受洗者在神父的带领下围绕洗礼盆绕三圈儿，然后脱去受洗者的衣服，神父念规定的礼文对受洗者施洗，洗完后将孩子抱出洗礼盆，交给“教父”“教母”擦干、穿衣；然后，神父要从孩子前额上方头发的左、中、右处各剪下一小撮头发，用蜡油布包裹后扔进洗礼盆里，如头发漂在水面上，则象征这个孩子的命运好，寿命长等。

受洗者如是男孩儿，神父还要抱其进入神坛后厅绕一圈儿出来，如果是女孩则抱至神坛门前就返回。神父将受洗者交给“教父”“教母”，并将“圣油”抹在受洗者额头，象征受洗者得到了上帝的“恩宠”和“印记”。神父为受洗者祈祷、祝福，大家一起为受洗者唱圣歌祝福。仪式后受洗者的父母要在家中宴请“教父”“教母”及其他来宾。如果是成年人受洗，则象征性地把头在洗礼盆中浸三下，就表示受洗了。

在我国，20世纪60年代以后，由于东正教堂关闭，神父归国，俄罗斯族的这个古老民俗也发生了变化。首先，受洗者的年龄增大；其次，受洗的地点转移到了家中。父母为孩子选定了“教父”“教母”，就请神职人员来家里举行简单的洗礼仪式，“教父”“教母”要为孩子买衣服等礼品。洗礼仪式结束后，受洗者的父母要宴请“教父”“教母”和来宾。以前“教父”“教母”的称呼现在已改称为“干爸”“干妈”了，宗教意义也被世俗的意义所代替了。按俄罗斯族的习俗，孩子的“干爸”“干妈”有跟孩子的亲生父母同等教育和抚养孩子的权利和义务。孩子过生日“干爸”“干妈”要送礼祝贺；孩子不听亲生父母的话，“干爸”或“干妈”可带其回自己家中居住、教育。由于不是亲生，孩子往往会收敛一些的。孩子的亲生父母去世，“干爸”或“干妈”就要承担起抚养和教育孩子的义务；孩子长大后的婚事，“干爸”“干妈”更是责无旁贷。“干爸”“干妈”家的困难和老年后的生活照顾，“干儿子”“干女儿”也同样要承担义务。

领受洗礼的婴儿

生育

俄罗斯族实行计划生育，一般家庭人口都不多。怀孕被认为是喜事，但生产日期在产前尽量保密，因为俄罗斯族自古认为知道产期的人越多，生产就会越困难。遇到难产，有解扣、开锁等风俗习惯。在农村产妇生产一般由接生婆接生，在城市，去医院生产。孩子生下来后，不再保密，而且大肆声张，大摆酒宴。前来探望、祝贺的人要送

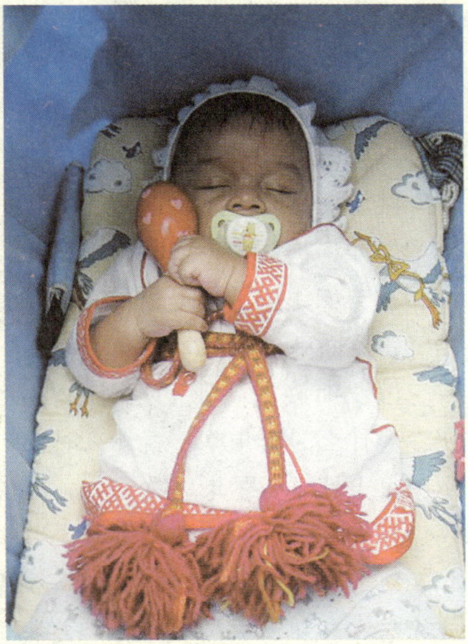

穿着传统服装的俄罗斯族婴儿

传统的俄罗斯族婴儿摇篮

礼，一般送煎饼、鸡蛋、婴儿的服饰等。

现在产妇享有产假，但按俄罗斯族的古老习俗，产妇不坐月子，产后也没有什么特别的禁忌，可以洗澡，碰冷水。一般生孩子7天后，就与正常人一样操持家务。产妇生过孩子3天后，亲友们就可以来看望，一般带自制的食物，如鸡蛋煎饼、煮鸡蛋等，此种习俗俄罗斯族叫作“纳祖波克”。按俄罗斯族的习俗，孕妇不可以探望产妇，因为他们认为孕妇会把产妇的奶水带走，产妇奶水会减少。

信仰东正教的俄罗斯族女性经期和产后40天内不允许进教堂做祈祷，被认为不清洁。40天后才能去教堂，神父为她祈祷后，才可以去教堂过宗教生活。

俄罗斯族允许亲友在月子里探望产妇，但忌讳来探望者当面称赞婴儿，被认为不吉利，小孩儿会生病。一般来探望者都会反语相祝，如说孩子长得难看、长得丑之类的话。主人听了不但不生气，反而高兴。

俄罗斯族提倡新生儿用母乳喂养，老年人认为不必定时喂奶，他什么时候想吃，就什么时候喂。俄罗斯族很重视婴儿的卫生，每天都要为婴儿洗澡一次。

新生儿睡在摇篮“留里卡”里，民间的摇篮多是自制的：用4根木头钉一个长1米左右、宽60厘米左右的木框，下部用帆布或麻袋布包裹，并使其下凹，木框四角各拴一根结实的粗绳，4

根绳头合拢留一定长度系一个结后，只留一根长短适度的绳头拴一个铁钩，铁钩挂在钢簧上，钢簧固定在房梁上。摇篮内铺上小褥子、枕头。婴儿吃饱后放入其内，盖上小被子，轻轻摇动摇篮，婴儿可很快入睡。摇篮可以上下、左右轻轻摇动，不用时，可从挂钩处取下放在一边。

丧葬

俄罗斯人信奉东正教，东正教《圣经》中说："因为你是从泥土而来的。你本是尘土，仍要归于尘土。"因此，俄罗斯族实行土葬。

"送别"

沐浴仪式

俄罗斯族如家中有人去世，家人在悲痛之余，一面要将这个悲痛的消息通知亲朋好友，一面请东正教神职人员或女性老者为亡者沐浴更衣，也可由自己家的人，一般是亡者的儿女为其沐浴更衣。沐浴方式是用一盆清洁的温水、一条新毛巾、一块新香皂，然后按从头到脚的顺序将遗体擦洗一遍。如果请人为亡者沐浴更衣，按古老习俗，亡者亲属要准备一块新香皂和两条新毛巾送给施洗者，另外还可把亡者生前穿过的质地较好的衣物送给施洗者留作纪念，现在除了送以上的物品外，还送一定的钱给施洗者。

亡者的沐浴仪式一般在家中进行。遗体被沐浴过后，还要为其更衣、梳理头发。按俄罗斯族人的习俗，亡者穿什么样的衣服没有一定的规定，一般根据亡者生前愿望为其穿戴。俄罗斯族老人对死亡很坦然，不畏惧，但很重视，一般在暮年时都会准备死后的衣物，并嘱咐亲人要按其遗嘱为其穿戴。男性一般穿西服、不戴帽子、穿皮鞋；女性穿连衣裙、戴头巾、穿皮鞋或布鞋都可以。头巾的花色没有限制，一般选亡者生前最喜欢的花色。另外是教徒的，还要在其额头扎一条印有圣人肖像的头箍。对意外亡故者，要根据其生前爱好赶制最好的衣服。为亡者穿好衣物，梳理完毕后，遗体要放在床上或木板上。

守灵

按俄罗斯族人的习俗，放有遗体的木板或棺木都不能直接接触地面，只有下葬时才能挨到地上，在此之前是不能挨地的。遗体下面铺一条洁白的布单，遗体呈仰卧状，口、眼闭合呈自然睡眠状态，双脚并拢，双手在胸前交叠，右手压在上面，右手拇指、食指、中指呈捏拢状，象征画十字做祈祷，左手手指内屈，其中放一块手绢和一截蜡烛，也有手中放钱的。据说蜡烛是用来在黑暗的阴间照路用的；钱是用来在阴间买居住地的。遗体上盖一条白布单，头下枕白色枕头。遗体摆放在家中居室内供人瞻仰，因此白布单只盖至胸部，露出遗容。按俄罗斯族人的习俗，遗体要在家中停放3天，以防假死。遗体旁要摆放点燃的蜡烛，还要摆一小碗祭祀蜜饭，象征圣餐。亲属要为亡者守灵，蜡烛日夜不能灭。另外还要在家庭圣像下面摆一碗清水，象征圣水，点燃一根蜡烛。碗中的水要不断添加，蜡烛也要不断续换，清水和蜡烛要摆放过40天，除了水和蜡烛外不摆其他食物。由于现代俄罗斯族家庭多为俄汉融合的家庭，因而，受汉民族葬俗的影响，也有在室内摆放亡者遗像和食物的。

吊唁

听到有人故去的消息后，亲朋、邻里、同事都要前来吊唁，安抚亡者亲属，为表示对亡者的哀悼之情和烘托一种肃穆的气氛，亲属一般穿黑色或素色衣物。前来吊唁的人一般不带什么东西，但可以送一包蜡烛，现在也有送钱的。来人可瞻仰亡者遗容，祈祷亡者的灵魂升入天国，也可以帮助料理丧事。按俄罗斯族人的习俗，只给长辈戴孝，不给晚辈戴孝，一般要为亡者戴孝40天，称为中孝；戴1年，称为重孝。戴孝期间，家中不唱歌、跳舞，忌喜庆活动。

棺木

按俄罗斯族人的习俗，棺木不能提前制作，只有人亡故后才能做。俄罗斯族人的棺木是按其体形制作的，不宜过大，但做棺木的材料要选好的。俄罗斯族人的棺木分棺身和棺盖两个部分，棺身深50厘米左右，棺盖深20厘米左右，棺木的长和宽各比遗体大出约20厘米。棺盖和棺身各呈底部略窄、敞口处略宽的斗形，棺身和棺盖合起来呈六角形。棺木两头无大小、高矮、宽窄之分，棺木外表一般漆成黑色，棺内保留天然木质本色。最早在民间用黑锅灰涂抹棺身外部，后来用黑色油漆漆棺身外部，也有人家用黑布或黑色天鹅绒包裹棺木外表，并用工艺白纱边装饰棺材的。俄罗斯族人的棺木是请木工来家中制作的。

入殓

第三天遗体入殓。入殓的顺序是：先在棺木内底层铺一层刨花（做棺木时收集的清洁刨花），刨花上铺一条白色布单，布单上面遗体头部一侧摆放一个用刨花作枕芯的白色大方枕头，然后，由家庭中的青壮年男性将亡者遗体抱起缓缓安放在棺木内，并在遗体上盖一条白布单。死者是东正教徒的，还要在白

为逝者祈祷

布单中央缝一个黑色的东正教十字架图案。白单盖至胸部，露出面容供人瞻仰、告别。遗体周围摆放用彩纸做的各色花，遗体犹如安睡在百花丛中，给人一种安详、亲近的感觉。除此之外，棺内不放任何物品。遗体安放好后，将棺木移至室外，摆放在两条木凳上，因为亲属、亲友要围在棺木周围和亡者遗体告别。遗体入棺后不盖棺盖，按俄罗斯族人的习俗，盖棺盖是棺木下葬前的最后一道程序。

送葬

亲友们围在棺木周围与逝者遗体告别后，就开始出殡了。出殡时，走在最前面的是逝者男性亲属举着十字架或花圈，随后是抬送棺身、棺盖的。俄罗斯族人抬棺木不用绳子，而是在棺身下搭三块长白布，两边各有三人抓住布头抬棺而行。一般棺身和棺盖是分开抬的，也有将棺盖暂时盖在棺身上，但不能钉钉子。抬棺者身后是神父、亲属和朋友等一行送葬的队伍。棺材一般由六个男性青壮年抬着，一路上棺材不落地，途中可换人抬。过去俄罗斯族人的墓地离居住地不太远，所以棺材一路抬着去墓地。现在由于墓地离住地都较远，所以一般改用汽车或马车先将棺材运至墓地外，再换人缓缓抬进墓地内。届时，有教堂的地方还要为其敲钟送行。

按俄罗斯族的古老习俗，以前起灵后先要去教堂让神父为亡者作亡灵祈祷，俄语叫作“奇塔其扎乌帕阔义”，然后再去墓地安葬；也可请神父或神职人员到家中为亡灵祈祷。现在因为没有东正教神父，所以俄罗斯族人的葬礼多半会请会诵经的俄罗斯族老人前去作安灵祈祷。送葬队伍来到墓地后，将棺材架在两条木凳上，神父或擅长此事物的俄罗

送葬队伍

斯族老人会为亡灵做祈祷并用清水象征性地喷洒遗体，祝愿亡者安息，灵魂升入天国。接下来是众亲友与遗体告别。大家依次走近棺材（盖是打开的），象征性地伏身亲吻亡者额头，然后边画十字，边口中默默祈祷告别。告别仪式结束后，先把盖至亡者胸前的白布单盖至头部，然后盖上棺材盖，由男性亲属按上下左右顺序用四颗长钉钉上棺盖，用长白布条把棺材缓缓吊下墓坑中央。

俄罗斯族人的墓坑一般是当天早上挖的，也可提前一天挖。墓坑是上下垂直的长方形，长和宽都大于棺材。按古老的习俗，墓坑要挖3.5~4米深，而现在的墓坑一般都挖2米左右深。棺材入坑底后，神父从旁边的土堆上抓一把土按上、下、右、左的顺序撒在棺盖上，接着亡者亲属、亲友及所有参加葬礼的人每人抓一把土撒在墓坑里，并举右手画十字祈祷亡灵安息，最后用铁锹将土填进墓坑里。

俄罗斯族的坟呈东、西走向，亡者下葬时脚朝东，头朝西，即面朝日出方向（东方）。坟堆不宜堆得太高、太大，一般高出地面50厘米左右即可，长、宽面积如棺木大小，坟堆四周可用砖或水泥砌起来，坟堆上面可以种花。最后在坟堆的东面立一个碑，碑文朝西。以前是在坟头立木制十字架，现在一般是在建坟当天先立一个木质十字架，待石碑做好后亡者死亡第九天、第四十天或周年祭日时换立石碑。墓碑上方刻有东正教十字架图案。俄罗斯族人不在坟上烧花圈或亡者衣物，花圈就摆在坟上，碑前点燃蜡烛，亡者衣物或子女留作纪念或赠送给参加葬礼的人。在埋葬当日，亡者亲属用葡萄干和大米做祭祀甜米饭带到坟地，让参加葬礼者每人吃一口，以示纪念逝者。墓碑立好后，有的人家还用木（铁）栅栏将坟围起来加以保护。

以前多在坟头立木制十字架，这是一种古老的习俗，现在在俄罗斯族墓地仍然可以看到。一般是在建坟当天先立一个木制十字架，待石碑做好后再换，也可永久性地立木制十字架。东正教徒的墓碑上方刻有东正教的十字架图案，凹进去的十字架图案常漆成红色。十字架图案下用俄文刻着碑文，大意为：这里安葬着上帝的仆人某某，生于某年某月，死于某年某月。按俄罗斯族的习俗，碑上不刻立碑人的姓名。

祷告

葬后宴俄语叫作“帕明卡”，它是葬礼后为追悼亡者和酬谢亲朋而设的酬宾宴，俄罗斯人的葬礼一般在中午前结束，随后参加葬礼的人都要回到亡者亲人家，参加葬后宴。葬后宴上，参加的客人表情肃穆，神父念祈祷文，大家一起唱悼念歌（用俄语）。现在城市里也有在饭店举行的。

葬后习俗

除了葬后宴以外，按俄罗斯族习俗还要过九天、四十天、一周年和十周年的纪念活动，都叫“帕明卡”。祭祀活动不发请帖，都是口头传讯，闻讯者一定会去参加。一般第九天的纪念活动是自己家人过，或炸油饼分送邻里。四十天和周年纪念都要请人来过，一般在家中、在饭店举行都可以，也可以在亡者忌日来临之际，买一些食品或自己做一些油煎包或煎饼之类的食物，在祈祷日这一天带去教堂让众人品尝，以示纪念亡灵。现在俄罗斯族多居住在楼房，所以一般都在饭店举行对亡者的纪念活动。

按俄罗斯族人的习俗，无论成年人、小孩儿、还是婴儿死亡，都要为其按体形做棺材安葬，也要为其守灵，作安灵祈祷，过祭日。未成年人死亡的安葬程序同成年人一样，因为东正教规定：凡受过洗礼的人均为上帝的仆人，所以待遇同样。只是小孩儿的棺材由未婚男性抬。如果逝者是俄罗斯族未婚姑娘，逝者沐

亲人们的祷告

浴后要像出嫁的新娘一样打扮。这是俄罗斯古老的习俗，认为婚姻是人生的一件大事，姑娘没有完成这件大事是一个遗憾，所以在她去另一个世界时，要为她了却这个心愿，将她以新娘的美好形象送走。未婚姑娘的棺材由未婚女子和未婚男子来抬。俄罗斯族人的葬礼一般在下午前结束，参加送葬的人都要回到逝者家中，参加葬后宴（帕明卡）。

塔城俄罗斯族公墓

俄罗斯族讲究人伦道德，无论生前死后，都希望一家团聚，所以对死人不分散乱埋，都有公共的墓地。一般公共的葬地都修有围墙，有大门，里面住有俄罗斯族人家看护，以防牲畜践踏或遭破坏。目前，俄罗斯族聚居地新疆伊宁市、塔城市都建有俄罗斯族墓地，塔城俄罗斯公共墓地开辟较早。

新疆塔城俄罗斯族公墓，不仅安葬着本地俄罗斯族去世的亲人，还安葬着来华援战的13位苏联红军烈士，还有在反对国民党统治的乌苏战役及剿灭乌斯曼匪徒战役中牺牲的15名俄罗斯烈士的遗骸。这是一片令人肃然起敬的地方。

近年来，俄罗斯族全国人大代表、政协委员和塔城地区俄罗斯族文化协会，已向中央、自治区和地、市人民政府提出修葺俄罗斯族公墓的报告，并得到有关部门的重视。2011年4月，新疆维吾尔自治区人民政府拨款40万元，并要求地方政府支持配套资金，维修塔城俄罗斯族公墓。

禁忌

尊重各个民族的风俗习惯是与其进行良好交往的前提。俄罗斯族人具有重礼节、讲文明的道德传统。俄罗斯族人很讲究礼节，在风俗习惯中有以下禁忌：

左右方位观 俄罗斯族的左右方位观受古希腊和古罗马文化的影响，形成了右方为贵、为尊、为吉利，左方为贱、为卑、为凶恶的观念。在俄语中，右这个词同时有“正确的、正义的”意思；而左则有“反面的”意思。俄罗斯族认为不能以左手接触别

俄罗斯族家庭

人，甚至是用左手递送物品，抽签也不用左手抽。遇见熟人不能伸出左手去握手问好，穿衣时必定先穿右袖，早上起床下地先下右脚。右颊长痣是吉祥，左颊长痣是凶兆。俄罗斯族民间至今还有向左肩后吐三次唾沫消灾的习俗。

慎扫除 俄罗斯族人认为，在家里打扫卫生如果径直往门外扫，会把家中的好运气扫走，所以要往里扫，用簸箕装好带出门

外。家中垃圾天黑后不能往外扔。新年和周五忌讳打扫房间，否则会给家里带来严重不幸，甚至有人死亡。

猫护宅 第一个迈进新居门槛的是猫。如果新居主人自己不养猫，就从朋友处借只猫，让它在新居里待一天。关于这个习俗，民间流传着种种说法。第一，猫是老鼠的天敌，老鼠要么被吃掉，要么逃之夭夭，从此新房一片宁静。第二，猫有巫术，是巫师的化身。第三，传说家神（相当于中国民间传说中的灶神）和猫是好友，通常是猫把家神带入新居。有了家神的庇护，才能消灾驱邪。第四，猫象征着安逸舒适、治家有方、事事顺心。猫至今仍是不少俄罗斯族家庭的宠物。

马驱邪 俄罗斯族人通常认为马能驱邪消灾，会给人带来好运气，所以对马怀有特殊的感情，尤其相信马掌是表示祥瑞的物体，认为马掌既代表威力，又具有降妖的魔力。过去在农村，不少俄罗斯族农民喜欢把马头形的木雕钉在屋脊上，以示吉祥如意，祈求四季平安。

惜镜子 俄罗斯族人认为镜子是神圣的物品，镜中的影像是人灵魂的化身，打破镜子意味着灵魂的毁灭，俄罗斯族把打碎镜子看作是一件不好的事情。

忌撒盐 俄罗斯族人对盐十分崇拜，视之为珍宝，认为盐是神圣的食物，在古代盐是祭品，有驱邪消灾的力量。俄罗斯族忌讳打翻盐瓶子，打翻盐瓶子，便意味着家庭可能发生不和，是一种凶兆。

对颜色的迷信 俄罗斯族喜欢红色和紫色，认为红色是美丽与吉祥的象征，紫色代表威严和高贵。另外，俄罗斯族人在生活中忌讳黄色，忌讳给人送黄色或三色以上混杂的花。

圣水喷洒 俄罗斯族老人有用圣水喷洒新居和治病的习俗。搬迁新居前，先用圣水把新居喷洒一下，这样可以驱除鬼魔，保佑搬迁新居后全家人平安无恙。

数字的特定含义 俄罗斯族喜欢奇数，操办婚事选择吉日，一般选在1、3、5、7、9等单日，但不选13日和星期五，西方人都忌讳13，因为背叛耶稣的犹大在“最后的晚餐”中排列第十三；若13日恰逢星期五，则视为极不吉利，称为黑色星期五。俄罗斯族送礼物最好的选择是鲜花，鲜花的数量有讲究，一定要送奇数，如1、3、5、7枝，但也不能送13枝，因为13枝仍属于不吉利的数字之列，称为鬼的一打；在给人递烟时，不得单独递一支，而要递烟盒；点烟时，不能一根火柴点三个人的烟：吸烟借火时，不能拿对方的烟。祭悼亡人时送花多为2、4、6、8枝。俄罗斯族喜欢7这个数字，“7”意味着幸福、成功和美满。

不速之客不受欢迎 俄罗斯族邀请朋友上门做客，或当面口头邀请，或亲自打电话给被邀请的友人，让别人转达则是不礼貌的。如果去俄罗斯朋友家做客，事先一定要联系（关系极好的朋友除外），因为俄罗斯族不欢迎不速之客。客人不应提前登门，以免主人措手不及。在俄罗斯友人家中做客不宜过久，即使热情的主人再三表示挽留。俄罗斯族送客时通常只送到门口，站在门里，向客人挥手示意。

提前祝贺生日不吉利 祝贺一定要在当天，最好是在过生日的现场。尤其不要隆重地过40岁生日，因为40岁表示人生路程的一半，这个生日要悄悄地度过，否则对下半生不利。无论在城里，还是在郊外的住所，俄罗斯族必须请客人围着桌子用餐，否则按迷信的说法7年之内不能成家。他们在谈话中从不涉及女人的年龄，即便在庆祝六十诞辰或七十诞辰的贺词中，也只字不提女寿星的年龄。俄罗斯族喜欢谈起自己的子女和家庭琐事，您可以问他们的孩子学习和工作的情况，有什么爱好，等等；但是不能提诸如“您有家吗”“有几个孩子”“结婚了没有”“丈夫在哪儿工作”等问题，上面的这些问题会使谈话双方陷入窘境。

忌隔着门槛握手 当我们去俄罗斯族家里做客时，主人一开房门，我们会很自然地伸出手去握手以示问好，而俄罗斯族站在门口从来不向客人伸手，而是要等客人进门后才握手。另外，很多人在一起握手时，忌交叉握手。古时，斯拉夫人把夭折的孩子、亡故的长辈埋在自家门槛下，认为死者的灵魂会保佑全家平安无事。在俄罗斯族的心目中，门槛是极为重要的地方，所以不能站在门槛上，不能坐在门槛上，尤其是外人不能踩门槛。由此产生了新郎在婚礼上迎接新娘时，必须把新娘抱进家门的习俗。

俄罗斯族日常生活规矩 如吃了一半的面包，放下忘了，又无意识地去拿另一块面包，预示亲友中有人正在挨饿；把面包放在桌子上时，千万不要“底儿朝天”——要倒霉。饮酒时不可左手举杯；吃东西时不要嚼出声来；喝汤时必须用勺，但不能用左手拿勺；别在晚上剪指甲，引来梁上君子；不要拿刀当礼物送人，万一收到刀，一定要“卖掉”（象征性地付给赠刀人一点钱）；如果您在旅程中很喜欢某个地方，并想再来此一游，你要向水（湖、河、喷泉）中丢一枚硬币，命运女神一定会安排您再来此地的；如果您的鼻子发痒——不是要和某人打架就是要喝醉，如果左臂发痒——有财运；如果您打喷嚏，意味着有人想你，也有可能有人骂你；两个人在一起说话时，突然同时说出一个词，预兆未来两人的某一个愿望定能实现；坐在两个同名的人之间，心中想一个愿望，此愿望定能实现；蜘蛛落到人手上，预示此人将收到好消息。有下列现象被视为凶兆：乌鸦在屋顶叫，预示死亡；途中遇到猫（尤其是黑猫），或者看到兔子穿过街道，或者遇到提空桶的人，预示此行不吉，等等。这些似乎难以列入黑色的禁忌，然而却又是俄罗斯族民俗文化、文明习俗的一部分。

以上均为俄罗斯族传统的禁忌和习俗，一代一代口耳相传，积淀在心灵深处。这些习俗虽然具有明显的唯心色彩，但是在人还不能完全明白地解释生活中的遭遇的时候，这些内容就成为慰藉心灵的深层文化的组成部分。

第六章 魅力文学与技艺

俄罗斯民族是一个充满文艺气息的民族，无论男女老少都痴爱着文学和艺术，俄罗斯族形容文学艺术是人类用语言与音乐艺术来表达内心的方式，它是帮助人类了解自身，提高自信心，激发对于真理的企求，做一切使人能变得高尚坚强、能用美好圣洁的精神来活跃自己生活的幸福之事。

民间文学

俄罗斯文学历史悠久，流传较广，体裁多样，在世界文学格局中占有重要的地位，曾对我国现当代文学产生过重要的影响。俄罗斯族是中国的跨国民族，300年来，他们继承了俄罗斯人的语言、文学、文化，并以口头的形式一代一代传承至今，使这一同渊共源的文化在不同的社会环境和文化氛围中独树一帜。我国的俄罗斯族文学有着自己的特色，是祖国文艺百花园中一枝绚丽的花朵。

我国俄罗斯族民间文学有神话、传说、故事、寓言、格言、谚语、谜语、童谣、说唱等大量的口头文学，也有诗歌、小说、散文、戏剧等多种形式的作品。民歌包括舞蹈歌、短歌（对歌）、爱情歌、仪式歌、浪漫小调等；仪式歌中又可分为结婚歌、丧礼歌。民间故事中包括历史故事、传奇、笑话、短小故事。至于民间谚语、谜语、诙谐幽默的讽刺小品，则更是数不胜数。在俄罗斯族民间故事方面，除去反映历史，歌颂勇士，讽刺暴君，神幻魔怪等内容的长短篇故事外，还有不少以通过讲述民间生活琐事，歌颂劳动人民善良憨厚，团结友爱为内容的故事。

新时代里涌现了像威那利·尤拉维奇、米拉、列娜等一批用汉语创作的作家、诗人，他们的作品深受读者欢迎，为民族文学

俄罗斯族用生动的民间故事教育儿童

增添了一道亮丽的风景。俄罗斯族对本民族固有的传统文化，特别是民间文学，在继承中不断发展和完善，已成为人们生活中不可缺少的组成部分。目前，在我国各地仍然保留下不少具有代表性的优秀作品。

俄罗斯族民间故事是俄罗斯人民群众中流传的一种民间口头文学，是俄罗斯民族精神文化的主要支柱之一。这些民间故事运用口头语言创造了各种艺术形象，充分发挥了其丰富的想象力，表现了崇高的境界和审美情趣，是俄罗斯人教育儿童的教科书。俄罗斯族中，流传的民间故事主要有生活故事、动物故事、寓言故事、传说故事，等等。

《狐狸大姐和狼》讲述了这样一个故事：

一只狐狸在大路上奔走着，突然看到一个老头儿赶着马，拉了满满一雪橇鱼。狐狸想吃鱼，赶快跑到前面去，躺在路中间，装作死了一样。

老头儿走近了狐狸，但它一动也不动，老头用鞭子抽了一下它，它仍然没反应。老头想：真好啊，可以为老太婆做皮大衣的领子了。他拾起狐狸放在雪橇上，又在上面盖了个东西，自己坐在雪橇上，往家里赶。狐狸一心想得到鱼，它向四周张望了一下，就开始悄悄地把鱼从雪橇上往下扔，一条接一条全扔下去后就离开了。

《狐狸大姐和狼》插图

老头儿回到家对老太婆说："喂，老太婆，你瞧，我给你带来一条多好的狐狸皮毛领子。""在哪里？"老太婆问。"在那儿，雪橇上，有鱼也有毛领子，你去拿。"老头儿回答。老太婆走近雪橇一看，既没有鱼也没有皮毛领子。她走进屋里说："雪橇上除了盖布外什么也没有。"老头儿大吃一惊："难道狐狸没有冻死，慢慢缓过来啦？"

这时候狐狸正在收拾路上的鱼，把鱼拢成一堆，便坐下来开始吃。

《狐狸大姐和狼》插图

一只狼走到狐狸跟前打招呼说："你好，狐狸。""你好，狼。"狼又说："给我一点鱼吃吧。"狐狸揪下鱼头扔给狼吃。狼吃完后说："狐狸，你真好，再给我一些。"狐狸把鱼尾巴扔给它。狼吃完后又说："狐狸，你真好，再给我一些。""你真是的，自己去钓鱼吃吧。"狐狸说。狼说："我不会呀！"狐狸说："你真笨，瞧，这是我自己钓的。你到河边去，把尾巴伸进冰窟窿里，一边坐着，一边念叨说：'大鱼小鱼快上钩，大鱼小鱼快上钩，鱼儿就会自己往你的尾巴上咬，坐的时间越长钓的鱼越多！"

狼跑到河边去，把尾巴伸进冰窟窿里，坐着念叨着："大鱼小鱼快上钩，大鱼小鱼快上钩。"狐狸也跑来了，它在狼周围走来走去，口中念叨："狼的尾巴快冻住，狼的尾巴快冻住。"这时天亮了，有个农妇来河边担水，看到狼和狐狸就大声喊叫起来，狡猾的狐狸闻声逃跑了，可怜的狼因为尾巴被冻住了，跑不了。几个农妇闻声赶来，一起举扁担打狼，狼为了逃命只好挣断了尾巴。

《狐狸大姐和狼》插图

狐狸逃进了一个农舍，不小心掉进了面桶，粘了一身面粉。狼和狐狸又相遇了，狼责怪狐狸扔下它只顾自己逃命，害得它丢了尾巴。

狐狸说："哎，狼啊狼，你只是断了一条尾巴，而我的头被他们打坏了，你瞧，脑浆都溢出来了，我勉强支撑着。""你说得对！"狼说，

"你要到哪里去？狐狸，骑到我背上来，我背你去。"狐狸骑到狼背上，狼背着它走。

狐狸骑在狼背上小声地念叨着："挨打的背着没挨打的，挨打的背着没挨打的。"狼问："狐狸，你在那说什么呢？""我在说挨打的背着挨打的。"狼说："你说得对！狐狸，是挨打的背着挨打的。"狼把狐狸背到它的洞穴，狐狸跳下来溜进洞穴，便开始嘲笑狼："狼没有智慧和头脑，所以丢了尾巴。"

俄罗斯民间传说故事多与俄罗斯族的社会事物相关，有较强的时代印记和地方色彩，以俄罗斯族的生活、风俗、信仰为对象，从一个方面说明某事物的产生根源和来历，从另一方面反映了俄罗斯人的生存环境、生活习惯、思想感情。如大雪、寒冷是他们的生活环境的特征；木屋、俄式大炉灶、木制雪橇是他们的住所和生活用具；鱼、鸡蛋是食物；鸽子是敬物，马和羊是朋友，狐狸和狼是敌人。实际上，俄罗斯民间故事就是了解俄罗斯族生活习惯及其精神面貌的一个窗口，把事实和虚拟交织在一起，有一定的历史性。

《复活节红蛋的传说》就是这样一个故事：

一天清晨（星期日），一个农妇听到了母鸡咯咯的叫声，就起身向鸡舍走去，看到母鸡下了一个红色的鸡蛋，感到惊奇，便伸手去拿。这时村里传来"耶稣复活了！耶稣复活了"的叫喊声。农妇也举着红蛋跑了出去，人们看到了农妇手中的红蛋，听到了"耶稣复活了"的消息，奔走相告，这一天就成了俄罗斯族的复活节。以后每年这一天，人们都要煮鸡蛋并染成红色，以示纪念耶稣复活。而复活节吃红蛋也成为俄罗斯族的一个习俗，在民间复活节又俗称"彩蛋节"。

《鸽子救耶稣的传说》也和俄罗斯族的风俗习惯、宗教信仰有关系。传说耶稣被他的反对派捉住，受尽了折磨，然后钉在了以示羞辱的十字架上，扔在荒野上。当时和耶稣一起受刑的还有另外两个人。士兵怕他们没有死，就用刺刀逐个去捅死。当士兵要用刺刀去捅耶稣心脏部位时，突然一只鸽子落在耶稣心脏的位置，刺刀就偏了一下，刺在耶稣的膀子上。鸽子因此救了耶稣，俄罗斯族把鸽子视为天使的化身，因此不吃鸽子肉。后来，不吃鸽子肉成为俄罗斯族人的习俗。

俄罗斯民族是一个艺术天分极高的民族。广袤的大地，漫长的黑暗统治，恶劣的自然环境，悲壮的历史，为无数特立独行的天才提供了创作的素材，激发了他们创作的动力和激情。赞美真善美，鞭挞假丑恶，是众多俄罗斯族民间故事鲜明的主题。因此，很多俄罗斯民族生活故事的主题是反映劳动人民善良憨厚、互助友爱，惩恶扬善，歌颂勤劳善良，批判懒惰、邪恶的故事。

民间故事《老哥俩》，是一篇非常生动的赞美亲情的好故事，故事的主要内容是：有老哥俩，大哥孩子多，老二只是老两口子，没孩子。

《老哥俩》插图

有一天，老二两口子商量说，大哥子女多，生活有困难，咱们人少粮食有余，何不给大哥送点？商量了半天怕大哥不收，只好深夜背了两袋小麦倒在大哥的粮囤上。可是大哥、大嫂另有想法，他们说，老二家只有两口人，干活的人少，粮食一定不够吃，孤单单的怪可怜的，给他们送点粮食去吧。千万不要明着送，他们不会收的，等到夜深人静时悄悄地把粮食送过去倒在仓里就行了。第二天，老二一看仓里的粮食不见少，跟昨天一样多，觉得真奇怪！老二没办法，等到夜里又给大哥送去两袋粮食。老大的粮囤上也出现了奇迹，昨天送去的粮食好像又回来了，粮食也没见少！老大挠挠头皮，摸不清是怎么回事，又跟老伴商量再给兄弟送粮食去。就这样两家来回地偷偷送着，可是粮食还是一样多。一天夜里真凑巧，老哥俩汗水淋淋地各自给对方送粮食的时候，

《老哥俩》插图

《老哥俩》插图

不期在院中相遇了。

这才恍然大悟，明白粮食总是不少的原因。原来老哥俩互相关心，彼此送来送去，当然粮食总是满的。互助的情谊，手足的友爱，使这朴实的老哥俩、贤惠的妯娌姐妹互相拥抱，感动得大哭起来，后来又破涕为笑了。

这个故事娓娓动听，感人至深。在俄罗斯族和我国其他兄弟民族的长期文化交往中，这一故事已深深为广大人民群众所喜爱，其影响所及，不仅对一个家庭，而且也在各个民族之间起到了团结友爱，互助互让的有益作用。

俄罗斯族民间文学是俄罗斯人民的珍贵文化遗产，也是中华文化宝库里的一颗璀璨的明珠。但随着俄罗斯族语言文化的断流，这笔文化遗产也将逐渐消失，所以其整理、抢救工作势在必行。中国文联出版社出版的《中国传说故事大辞典》收录了21篇由新疆农业大学俄罗斯族副教授古巴诺瓦、维克多、奥尼亚等人编译的俄罗斯民间故事；在《中国少数民族文化史》中，新疆大学原中语系副教授刘俐李介绍了中国俄罗斯族的文学概况；甘肃少年儿童出版社出版的《中国少数民族童话》一书也收录了俄罗斯童话故事《小拇指大的男孩》。

工艺艺术

俄罗斯族是一个心灵手巧的民族，其民间工艺十分丰富和发达，富有艺术性和民族风格。新疆和黑龙江等地俄罗斯族的民间工艺有着极为鲜明的特色。俄罗斯族的传统科技工艺主要体现在生产工具、运输工具以及编织、刺绣和房屋建造等方面。

俄罗斯传统手工纺织机

生产工具工艺

俄罗斯族传统生产工具有很多种，其中不少是苏联商贸机构和旅俄华侨从苏联带来的新式农具——双轮双铧犁、马拉割麦机、搂草机、马拉播种机、铁轮拖拉机和链轨拖拉机。耕地的速度和深度比当地传统的二牛抬杠的土犁提高20倍。但也有一些是自己制作的，如畜力木齿机、木齿耙子、畜力打草机、畜力集草机、木制弯弯犁等，俄罗斯族善于利用当地的木材，将其改造做成生产劳动的工具。

俄罗斯族制作的生产工具还有捕鱼用的篓子，当地叫晾子。形状像圆柱形鱼篓。进口处大，出口处小。在进口的地方有一个漏斗形，鱼游进去之后，很难再游出来。过去的篓子多用柳条编制，而现在多用铁丝编制。捕鱼时，将篓子放入河汊之中，等到第二天一早来取鱼篓，鱼篓里往往有不少的鱼。

俄罗斯族人中的富户，在购置房地产、果园、草场和牲畜，安顿了家眷后，又逐渐开办工业，如制蜡厂、肥皂厂、制革厂和面粉厂等。俄罗斯人修建“洋水磨”加工小麦面粉，他们盖起两层楼，安装下盘磨转动的新式水磨，铜网罗筛，分选出三种不同等级的面粉。当地民众多弃旱磨而选“洋水磨”加工小麦面粉。

归国华侨在异国他乡都学到了一定的新技术，有很多人是能工巧匠。他们中有铁匠、木匠、泥水匠、铁皮匠、理发师、裁剪师等，有做糖果、做面包饼干、做啤酒、做冰激凌、烧石灰、照相、加工莫合烟、刻图章、修表等。

传统艺术、家庭刺绣工艺

独一无二的俄罗斯族茶具“撒马瓦尔”

俄罗斯族民族工艺品风格独特，如黄铜茶炊“撒马瓦尔”，因其做工精致、造型别致而素享盛名。俄罗斯族雕刻工艺发达，从实用型的床栏、椅背雕刻、建筑物雕刻到包括金属、玉石、木材等各种材料的工艺品雕刻，都具有浓郁的民族风格。

迁居新疆的俄罗斯族，带来了现代先进的制革技术，他们创办的制革工厂和作坊，使用化学药品和较先进的工具，加工各种皮子。他们鞣制的各种羊皮、牛皮、马皮轻巧美观，经久耐磨，深受国内外消费者的欢迎。俄罗斯族工匠还用他们鞣制的牛皮和马皮，生产具有特色的油皮鞋，不怕入泥下水，他们还制造哥萨克式的军用马鞍，为新疆各族骑兵所喜爱。俄罗斯工匠制造的马车套具，既轻巧，又坚固，新疆各族人民都乐于使用。

俄罗斯族妇女都擅长刺绣、编织，技艺娴熟；新中国成立前，俄罗斯族家庭的老人，主要是家庭主妇，许多人都会刺绣工艺。绣品简洁明快，具有浓郁的俄罗斯乡间文化风格。俄罗斯妇女特别善于十字绣，除了衣领、袖口、毛衣等衣饰的纹样外，室内的门帘、窗帘、台布、被罩、枕套、床围等物品都绣织不同色彩的几何纹、花草叶纹，浓淡相宜、雅致大方，不但是生活的必需品，而且也是精美的工艺品。

过去俄罗斯族女性喜欢用白色棉线钩织各种图案的室内装饰品，或自己家用，或送朋友，在茶盘、托盘、椅子靠背、沙发椅子靠背、扶手等上面盖用白色棉线钩织各种图案的装饰品。另外，俄罗斯族姑娘还手工绣出各种图案的花边，用来做床边、盖衣单的装饰花边，还喜欢为自己连衣裙的领子、手绢等钩花边，以作为装饰。

缝纫机绣品是俄罗斯族的传统工艺品，先在白色棉质布上拓印上自己喜欢的图案，将图案用绣花绷子绷起来，再用缝纫机按图案绣织。为使图案立体化，还要将有的地方用小剪刀剪掉，扎成镂空图案。俄罗斯人洗过这种白棉布机绣品后，还要用淀粉上浆，用熨斗熨烫后再使用。这些机绣室内装饰品素净典雅，深受各民族的喜爱，并接受、传承至今。但现在白棉布的机绣品已很少见了，取而代之的大多是的确良布或尼龙布制成的。

刺绣工具

俄罗斯族传统的家庭刺绣饰品

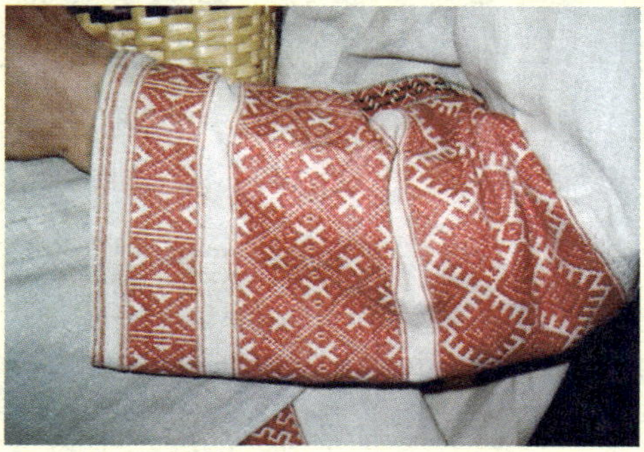

俄罗斯族民族服装上的手工刺绣

十字绣是一种刺绣的方法，就是在白平布上根据经纬的纹路用十字绣针法刺绣，刺绣的图案多是几何图形、动物、玫瑰花、菊花等。过去俄罗斯族女性多没有工作，在家务活儿之余常做一些刺绣活儿。例如，俄罗斯族传统的男女衬衫上的图案都是用十字绣绣的。另外传统的俄罗斯族面巾上也用十字绣绣的图案，还有手绢、小挂件、小盖饰等装饰品上的花卉、动物图案也都是用十字绣绣的。现在会这种手艺和愿意从事这种手艺的俄罗斯人很少了。

居住在城镇中的俄罗斯男子，有不少人从事手工业生产，靴鞋、精致毡筒、毡袜、俄式家具、裁剪缝制服装（尤其是西服)。还有一些人从事修理农牧业机械、钟表、手摇留声机、缝纫机、自行车等等。新中国成立前和初期，俄罗斯族的手工业者对当时的经济、技术起过很大的作用。

俄罗斯传统手工纺织车

1933年，从苏联回国的华侨办起制革作坊，生产油皮供应市场。新式制革不仅需要技术，还需要辅料，其中最主要的辅料是烤胶，全靠从苏联进口，货难进，价格高。归侨们便想出替代办法，用碾子或水磨将红松树皮磨成粉，洒在褪去毛皮的皮革上，泡在水里，让皮革吸收红松树皮的单宁酸，成为优良皮革品种。

俄罗斯族人赶着马车携带家具避难到中国境内，把种种新奇的洋货运送到中国。华侨和他们的俄罗斯妻子把他们的手艺带回国内落脚生根，他们带来了苏联先进的生产工具和技艺，极大地推动了当地生产力的发展和社会进步。俄罗斯人的文化素质较高，他们中间有不少人受过高等教育和严格的技术训练，拥有专业知识和技术特长。

民间歌曲

俄罗斯族是一个能歌善舞的民族，民歌是他们心灵的呼声。俄罗斯民歌在世界民间音乐创作中占有重要的地位，不论是题材、形式、风格都非常广泛多样，而且表现力极为丰富。它反映着劳动人民的思想感情、精神寄托，与劳动人民的生活血脉相连，富有强烈的民族感情和特征。

独特的地理环境、风土人情，造就了俄罗斯民族特有的豪爽、乐观的情怀；长期的战争纷乱又使他们具有强烈的尊严感，

俄罗斯族民歌表演

俄罗斯族“恰斯杜其尼克”演奏

俄罗斯民歌体现了俄罗斯民族的精神气质。俄罗斯民歌深沉忧郁，俄罗斯民族是个经受过很多磨难的民族，人民始终坚忍不拔，有一种坚定的信念。很多俄罗斯民歌都带有深深的感情，如泣如诉，催人泪下，感染力异常强烈。

俄罗斯族民歌叫“恰斯杜什卡”，是俄罗斯民间文艺的独特形式。俄罗斯流行歌谣的语言通俗、简洁，风格幽默、诙谐；节奏明快，韵律强，易上口，因而大多可作为俄罗斯传统民间单人舞——踢踏舞的伴奏歌曲。俄罗斯人把民间善唱歌谣的歌手叫作“恰斯杜舍其尼克”。

俄罗斯族继承并保留了俄罗斯民间歌曲，这些歌曲曾流行于20世纪三四十年代，一直被俄罗斯族流传至今。俄罗斯民歌的特点是四句一段，一首歌往往有很多段。其语言朴实，如同诉说。常常是几个或十几个人聚在一起，边喝茶边唱民歌，这或许是一种民族情感、民族精神的寄托。唱民歌的时候，多有俄式手风琴（巴扬或杜胡拉特卡）伴奏，往往是一个人领头唱头两句，众人合唱后两句，并重复一遍，而且合唱时自然地分高低音双声部。

俄罗斯民歌主要有《山楂树》《难道是我的错》《草原》《三套车》《货郎》《纺织姑娘》《窗前有棵稠李树在摇晃》《有一个人骑马来自远方》《噢，严寒严寒》《田野静悄悄》《这草地，这牧场》等。

《山楂树》是一首古老的民歌，曲调忧伤压抑，通过山楂树的倾诉，表现了俄罗斯族青年对自由、爱情的向往。歌词中这样唱道：

你为何摇摆着身子，纤弱的山楂树；
你为何垂着枝头，为什么佝偻着腰枝？
这条大路的那边，有一条宽阔的大河；
河那边有一棵橡树，它长得粗壮又高大。
如果有这种可能，山楂树能移到橡树旁；
我的树枝也不会弯曲，我的树枝也不会折断。
我会展开纤细的枝条，把橡树紧紧拥抱；
我会不分昼夜，和它絮絮交谈。
但是人们绝不允许，山楂树移到橡树身边；
因为命运就是如此，注定它要一辈子孤独漂泊。
孤零零的山楂树，在风中摇摆不定，
有一天突然起了风暴，可怜的树干被刮断。
姑娘你为何伫立？垂下了长长的睫毛。
我送走了我的朋友，送他到遥远的边疆。

爱情歌曲，在俄罗斯民歌中占很大的比重。乐观豪放的俄罗斯族男女青年，在相互痴爱时以高歌倾诉着彼此的感情。下面一首朴素的情歌表达了女方嘲笑求爱者的痴情憨态：

前面一座山，
后面一座山，
山山相连陡又尖，
闪闪朝霞照上边，
啊，那不是升起的朝霞，
那是一位美丽的好姑娘。
请用你的新水桶，
把我的马儿饮一遍！

你的马儿不喝水，
你这个人太寒酸。
赶快骑上你的马儿离开我的家，
我们各走一边不相干。

俄罗斯族民歌内容十分丰富，反映民族风情，具有较高的文学价值，如婚嫁仪式所唱的婚礼歌就是其中之一。这类歌一般在迎娶前歌唱，新娘的亲属、女伴、街坊们均来祝贺，女伴们为新娘梳妆打扮，亲人们怀着离情别绪唱着哭歌。如等待新郎一行来娶亲时女伴们唱：

合唱婚嫁仪式婚礼歌

请把山路用水浇透，
阻止迎亲的人们和车辆通过，
因为他们一旦到来，
就会把我们的新娘娶跑。

在祖国不同的历史时期，在全国人民奋起求解放、争民主、反对帝国主义及其代理人的斗争中，许多俄罗斯族民间歌手谱写了不少歌颂各族劳动人民反压迫、反剥削，保卫祖国统一，反对分裂的献身精神的歌曲。这些具有历史意义，立场鲜明，富有战斗性的民歌，不仅激励人们争取解放的坚强意志，而且也成为俄罗斯族和祖国命运息息相关的历史见证。

俄罗斯族的葬礼歌《神圣的上帝》则是一首表现宗教信仰的歌曲。葬礼歌是在葬礼或当日的葬后宴上集体唱的一首悼念亡者的歌。

童谣是适合儿童心理和趣味的儿歌，也是儿童启蒙教育的第一课。俄罗斯族童谣的内容多反映了日常生活熟悉的动物或事物，语言生动有趣，没有说教的意味。俄罗斯族童谣同歌谣一样韵律性很强。

俄罗斯民歌中还有许多表现热爱大自然，渴望新生活，歌颂勇敢献身，不断追求的民族精神的歌曲。中国文联出版社出版的歌曲集《纯情的梦》收录了十几首俄罗斯民歌，这些民歌是由王洛宾整理曲子，瓦莲捷娜·古巴诺瓦编译的歌词。

快乐的俄罗斯族老人

欢唱民歌的俄罗斯族姑娘们

在有些地区还有俄语、汉语同声齐唱，流传不衰的苏联歌曲，如《喀秋莎》《红莓花儿开》《小路》《莫斯科郊外的晚上》《共青团员之歌》等。这些歌曲表达了人民大众反对侵略、保卫祖国的坚强意志和热爱生活、创建美好未来的愿望。音乐无国界，人心有共鸣。脍炙人口的民间歌曲，透射出人民大众的心声。它经历过战争、灾难、动乱的淘洗磨炼，依然激荡在人们的心底，这就是“歌为心之声”的不朽魅力。

民间舞蹈

俄罗斯族的民间舞蹈成为艺术形态的时间较早，据史料记载，远在安迪王国（今乌克兰领土）时代，舞蹈就已广泛存在于民间，而500多年前居住在俄罗斯领土上的居民已有了成形的舞蹈艺术。今天，重现在我们面前的俄罗斯民间舞蹈已绝非是最初的形态了，随着时间的推移，劳动形式和内容的转变以及社会关

俄罗斯族舞蹈

系的变革，这些舞蹈也发生了相当大的变化，其中一部分已经彻底失传了。

舞蹈在俄罗斯民族文化中地位非常高，在俄罗斯族的产生和发展中，舞蹈都与民族的日常生活和风俗习惯紧密相连，是俄罗斯民族的民间艺术流行最广泛的形式之一。俄罗斯民间舞蹈热情奔放、节奏鲜明、格调高雅。它反映了人民大众的思想感情、心灵情感和精神寄托，与人民的生活节拍血脉相连，富有强烈的民族感情和民族性格。俄罗斯族民间有很多传统舞蹈，最著名的是踢踏舞“阿吉努什卡”，还有波尔卡和克拉科维克，都是双人集体舞。

阿吉努什卡

“阿吉努什卡”是俄罗斯传统的民间舞，汉语名称踢踏舞，源于跳这种舞时皮鞋底踏跺地板发出的踢踏声。它的动作主要在腿和脚上，手臂只是随节奏随意做一些辅助动作。男子双臂自然下垂随节奏摆动，脚下做踏、跺的动作，或一蹲一起做踢腿动作；女子脚下踏跺动作没有男子用力，或双脚轮换交叉跳动，或双腿轮换抬高跳动，或踏跺地面，手臂自然下垂随节奏摆动，或双手扯起披巾的两角，或单手摆动手绢等，俄罗斯族的披巾舞、手绢舞由此演化而得名。

踢踏舞主要是两个人为单位跳，没有性别、年龄、人数的限制。一个舞场内常有几十个人自由自在，兴高采烈地跳着，随心而活泼，热情而激烈。

俄罗斯族除了葬礼、葬后宴上不跳舞外，其他任何聚会都可以跳，而且基本上人人都会跳。跳踢踏舞只要场地允许，只要手风琴一响，谁都可以上场跳起来。所以俄罗斯族人不论在家宴、婚礼、聚会活动中，还是林中草地、田间地头等处，只要听到手风琴的伴奏，就会情不自禁地跳“阿吉努什卡”。一人领头跳，大家纷纷投入，如醉似痴，其欢快场面淋漓尽致地展现了俄罗斯族热情豪放的性格。

波尔卡

“波尔卡”是俄罗斯族民间舞蹈，跳此舞时一般人数比较多，所以常在婚礼上、集会上跳。跳波尔卡时，每两人为一组，一前一后站立，前面的人举起左、右手向后与后面人的左、右手拉在一起，随着波尔卡的音乐两人一起向左边踢一下腿，再向右边踢一下腿，然后松开左手，右手相握举过头顶，后面人不动，前面人原地转三圈儿，然后两人相拥转三圈儿，一套动作结束，再从头开始。波尔卡常在婚礼、晚会上跳，男女不限，每两人一组，后面依次排成长列，沿场地作环状移动。俄罗斯族人还跳一种两人一组排成长列的恰尔达什（宫廷舞），动作舒缓优雅。俄罗斯族也跳节奏不同的华尔兹。

波尔卡

克拉科维克

克拉科维克

“克拉科维克”是俄罗斯族的民间集体舞蹈，在婚礼、聚会空间较大的场地跳。两人一组，多为一男一女，后面依次排成长列。两人并肩站立，举起左、右手相握，手臂举至肩头高，随着音乐，向前走三步，向后退三步，然后面对面拉起双手向前向后各走三步，相互拥肩转圈，一套动作结束，再从头开始。长长的队列沿场地转一圈或依乐曲始终为一个回合。

随着时间的推移，文明的衍化，今天的俄罗斯民间舞蹈早已不是最初的形态，部分舞蹈在文化发展中丢失，部分舞蹈也偏离了最初的形态。近年来受到流行文化的冲击，俄罗斯民族民间舞蹈正面临着被侵袭的危险。目前，我国额尔古纳市已将俄罗斯民族民间舞蹈申请为自治区级的非物质文化遗产保护名录，对俄罗斯民族民间舞蹈保护和传承工作也是迫在眉睫。

民间乐器

俄罗斯族最喜欢的乐器有俄式键钮式手风琴、三弦琴、吉他、巴拉拉依卡和曼陀林。这几种乐器都常用来伴奏民间歌曲和舞蹈。俄式键钮式手风琴的形制与别国手风琴不同，它是与俄罗斯民歌的调式一致的。

俄罗斯族民间乐器

俄罗斯人非常尊敬手风琴手，手风琴特别受俄罗斯族人的钟爱。它那欢快、奔放的旋律象征着俄罗斯族人的性格。只要手风琴一响，俄罗斯族人就会情不自禁地跳起来，唱起来。从普遍大众化的意义上讲，手风琴是俄罗斯族群众精神文化的灵魂，因为他们为生活带来了快乐。俄罗斯人一听到手风琴就会心情激动，就会唱起来、跳起来。

俄式吉他是七根弦的，主要用于伴奏，也可用于重奏和独奏，是俄罗斯人喜欢的家庭乐器之一。另外还有巴拉拉依卡（三角琴）和曼多林也是深受俄罗斯人喜爱的乐器。

巴扬手风琴

巴扬式手风琴作为俄罗斯的民族乐器，迄今为止在世界手风琴领域中居于领先地位。俄罗斯式手风琴简称巴扬，就是我们经常所说的键钮式手风琴，它是现今活跃在手风琴舞台上以及各种权威比赛中的佼

巴扬手风琴

知识链接 **俄罗斯族手风琴特征** 1. 俄罗斯族手风琴品种之丰富令人惊叹，难度高适合专业使用的有巴扬和键盘，好上手适合业余使用的有俄罗斯传统两排键手风琴和萨拉托夫手风琴等等，任何手风琴爱好者都可以找到适合自己需求的手风琴；2. 俄罗斯族的民间手风琴水准之高完全不次于任何专业演奏团体，俄罗斯族传统两排键手风琴在民间最受手风琴爱好者的欢迎，这种手风琴已经完全成为俄罗斯人各种娱乐生活的必备伴奏乐器；3. 俄罗斯族都非常崇尚民族传统继承人，传统手风琴演奏者在俄罗斯族老百姓心目中占有很重要的地位，被人称赞；4. 俄罗斯族传统手风琴在民间各类活动中都非常普及，以至于在俄罗斯族文化里这种手风琴被称为“俄罗斯音乐之魂”；5. 俄罗斯传统两排键手风琴能够普及的重要原因在于其非常容易学会，所有俄罗斯传统两排键手风琴演奏大师都是自学成才，因为这种手风琴是不需要讲授的。

佼者。巴扬与以前我国所使用的传统键盘式手风琴的基本区别如下：右手的键钮排列位置和方式使音域得到大大拓宽；左手在具备传统低音的同时引入了自由低音，两种系统使乐曲在演奏方面的局限性大大减少了。发展到现在的巴扬式手风琴已经比较完善和成熟。最初，俄罗斯的手风琴并不是一次就命名为巴扬，而是叫卡拉莫尼卡，是最简单的手风琴，它左手的和声功能和右手的键盘都非常简单。最早的卡拉莫尼卡产生于18世纪末的俄罗斯，它们的制造者是圣彼得堡的基洛什尼科。在19世纪初，手风琴逐渐在艾里茨别特格勒和图拉越来越出名。

手风琴演奏者

手风琴演奏

手风琴学习

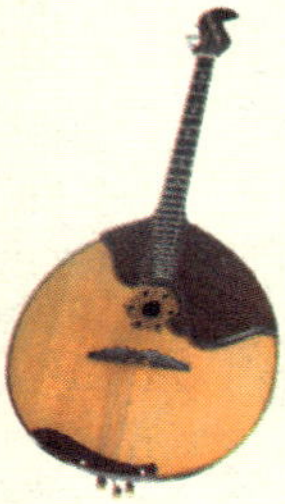
▲
多木拉

弹奏多木拉 ▶

在图拉当地的工匠制作出来了最简单的手提式手风琴。

总之，俄罗斯族的手风琴完全渗透到人民生活的每个空间，成为百姓生活的必需品，这都是因为俄罗斯手风琴品种的丰富多彩，任何人都可以找到自己的最爱而享受到音乐的快乐。

多木拉

多木拉是古老的俄罗斯民族乐器，分三弦琴和四弦琴，其外观形态各异，大小不一。

知识链接 俄罗斯多木拉的古老祖先是一种埃及乐器，希腊历史学家称其为潘都拉，迄今为止已经有几千年的历史了，这种乐器被称作“当布儿”，也许是从波斯传入俄罗斯的，因为当时俄罗斯和外高加索有贸易往来。至今仍然有类似多木拉的乐器：格鲁吉亚有“秋古力”和“潘都力”，南斯拉夫有“当不拉”，乌克兰有“般都拉”，土库曼有“度阿达儿”，蒙古有“刀木不儿”，吉尔吉斯斯坦有“杜木拉”，奥斯加克有“刀木不拉”，卡尔梅克有“刀木儿”。类似的这种乐器在中世纪早期传入欧洲，这就是鲁特琴，正是这种鲁特琴成为多弦乐器如中提琴、曼陀林琴和吉他的鼻祖。

古斯里琴

俄语中古斯里琴这个词具有斯拉夫方言的特征。这个词的起源有几个版本，其中的一个版本认为古斯里这个词和琴弦有关，显然这个词来自古斯拉夫语，琴弦的声音在古语中正是用这些词来表示的。

古斯里琴 ▶

“古斯里”的名称在斯拉夫土地上的不同地区所指的乐器也不同，在塞尔维亚和克罗地亚地区，人们把一种单弦的弓弦乐器称为古斯里琴，在斯拉夫西部地区人们把一种类似提琴模样的弓弦乐器称为古斯里。

巴拉莱卡琴

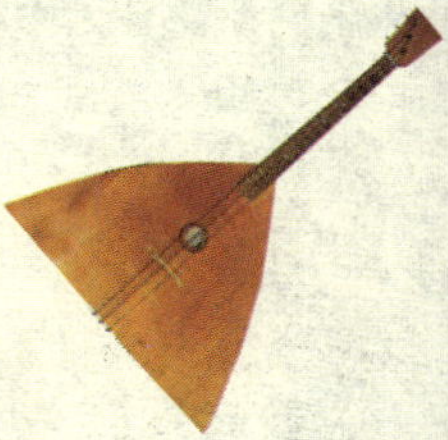

▲

巴拉莱卡琴

巴拉莱卡琴是俄罗斯古老的乐器之一，因共鸣箱为三角形，故又称“三角琴”。三角琴有四度定弦，有高、中、低音等不同规格。音色清脆明亮，经常与曼陀林、吉他、手风琴等合奏，深受青年人喜爱。其常演奏的《渔夫之歌》是俄罗斯族的叙事歌曲，全曲歌词达十段，叙述渔夫三个儿子的爱情故事，特别是二子在爱情上的悲剧性结局尤为感人。歌曲为二部合唱，音乐情调深沉含蓄，深受俄罗斯族人民的喜爱。

◀ 俄罗斯族传统乐器演奏

巴拉莱卡乐曲很早就传入中国，悠扬深情的乐曲给多少人留下了美好而又深刻的印象。

第七章
语言文字和教育

俄罗斯族坚信教育是一种人类道德、科学、技术、知识储备、精神境界的传承和提升行为，也是人类文明的传递。教育下一代通过发现周围世界的美而看到人类精神的高尚、善良和诚实，并在此基础上在自己身上确立美的品质。

语言文字

语言是文化的载体，是传递信息者，是表达在社会实践中获得的知识、所积累的经验，全面地反映不同时期的文化及文化的发展。在语言与文化的对比性研究中，必须把语言和文化紧密结合，既要比较不同的语言，又要研究与之对应的不同民族文化。

俄罗斯族学生

俄语是联合国和俄罗斯联邦的官方语言之一，也是中华人民共和国承认的少数民族正式语言之一。俄罗斯语属于印欧语系斯拉夫语族东斯拉夫语支，简称俄语。在中国，其使用范围主要分布于新疆维吾尔自治区的伊犁、塔城、阿勒泰、乌鲁木齐等地及内蒙古自治区额尔古纳市等地。中国俄罗斯族使用的俄语属于南方方言。全球以俄语为母语的使用人数超过一亿四千万，当作第二语言使用的则有近四千五百万人。

俄语字母表

字母

俄语字母是西里尔字母的变体，共33个，其中元音10个，辅音21个，还有2个元音字母，有印刷体和手写体的区别，分为

知识链接 **俄语里有33个字母** 它们分别是：Аа，Бб，Вв，Гг，Дд，Ее，Ёё，Жж，Зз，Ии，Йй，Кк，Лл，Мм，Нн，Оо，Пп，Рр，Сс，Тт，Уу，Фф，Хх，Цц，Чч，Шш，Щщ，Ъъ，Ыы，Ьь，Ээ，Юю，Яя。

元音和辅音两种。辅音又分为清辅音（声带不振动）和浊辅音（声带震动）。此外，俄语的辅音还可以分为软辅音和硬辅音，二者发音动作基本相同，区别主要在于发软辅音时，舌中部需要向上颚抬起。

元音字母为Аа，Ии，Уу，Ыы，Ээ，Оо，Яя，Ёё，Юю，Ее；辅音字母为Бб，Вв，Гг，Дд，Жж，Зз，Йй，Кк，Лл，Мм，Нн，Пп，Рр，Сс，Тт，Фф，Хх，Цц，Чч，Шш，Щщ；Ъ和Ь是元音字母，Ъ是硬音符号，Ь是软音符号。每个字母都有自己的名称，各有印刷体和手写体、大写和小写4种形式。

文化教育

俄罗斯族是一个十分重视教育的民族。新中国成立以来，特别是改革开放以来，俄罗斯族教育在原有的基础上得到长足的发展，各级各类学校在校生逐年增多，受教育的年限不断提高，文盲、半文盲率较低，每万人中受过中等以上教育的比例在全国56个民族中，处于较领先的位置。

俄罗斯族师生

塔城莫洛托夫俄罗斯中学

历史及其发展

党的十一届三中全会以来，新疆俄罗斯族教育迎来了全面发

塔城莫洛托夫俄罗斯中学师生合影

1950年，乌什俄罗斯小学师生合影

俄罗斯族学校师生合影

展的历史时期。1981年，伊宁市教育局在伊宁市六中附设了俄罗斯班，招收伊宁市的俄罗斯族学生。1985年12月，根据新疆伊犁地区俄罗斯族的愿望和要求恢复了俄罗斯族学校，在俄罗斯班的基础上恢复建成了全国唯一的一所俄罗斯学校——伊宁市俄罗斯学校。该校初建时，采用苏联小学、初中连读的7年学制，教材也是从苏联引进的，教学以俄文为主。近年来，面对激烈的高考竞争和就业压力，学校的教学方式也作了相应调整。实行了全国统一的学制和教学大纲，小学6年，初中3年；该校为九年一贯制学校，实行了双语教学（汉、俄语），以汉语为主，俄语为辅，除了正常的汉语教学任务外，每周有5~7节俄语课。现在该校共有教师18名，其中4名为俄罗斯族，其他为回族、汉族、维吾尔族等。伊宁市俄罗斯族学校是现今新疆乃至全国唯一一所俄罗斯族学校。1989年，由国家民委、自治区民委和教委下拨专项经费，为该校兴建了一幢两层教学楼，改善了办学条件。1996年，国家教委民族教育司下拨30万元俄文教材编写出版费，组织新疆大学的专家编写教材。该校从1999年9月起，开始使用这套我国新编的俄罗斯文教材，招收俄、汉双语教学班。2005年俄罗斯族小学在校生137人。

国家和自治区认真落实党的民族政策，在大中专院校招生中对参加汉文统考的俄罗斯族等11个民族考生，采取适当加分照顾的优惠政策。1990年以来，内地省、市认真组织和落实对民族地区教育的对口支援和协作，内地高校逐年增加了对新疆少数民族考生的招生数量。2000年以来，内地发达城市举办新疆高中班，之后，又在新疆几个教育发达城市，举办区内初中班，逐年增加招生数量，使得俄罗斯族有更多考生有升入高一级学校学习的机会。截至2004年年底，新疆各级各类学校俄罗斯族在校生为：研究生15人，普通高等院校本专科177人，普通中等专业学校82人，普通高中418人，普通初中554人，小学597人。各级各类学校俄罗斯族教师为：普通高等院校22人，是1952年的7.3倍；普通中等专业学校26人，是1952年的8倍；普通高中22人，是1952年的7.3倍；普通初中28人，是1951年的4.5倍；小学77人，是1965年的32.5倍。同时，新疆俄罗斯族每万人口中的各级各类学校在校生数也明显提高。2004年年底全疆俄罗斯族每万人口中各级各类学校在校生数为：普通高等学校156.64人，普通中等专业学校47.79人，普通高中369.91人，普通初中490.27人，小学528.32人。新疆俄罗斯族较为集中的塔城、伊犁、乌鲁木齐3个地、州、市，在1999年前后实现了普及九年义务教育和扫除青壮年文盲的目标。

伊宁市俄罗斯学校

俄罗斯族教育事业的发展，培养了一批俄罗斯族各类专门人才。据统计，自1976年至2004年，新疆俄罗斯族各级各类学校毕业生分别为：普通高等院校316人，普通中等专业学校272人，普通高中1 423人，普通初中2 744人，小学2 306人。他们

课堂教学

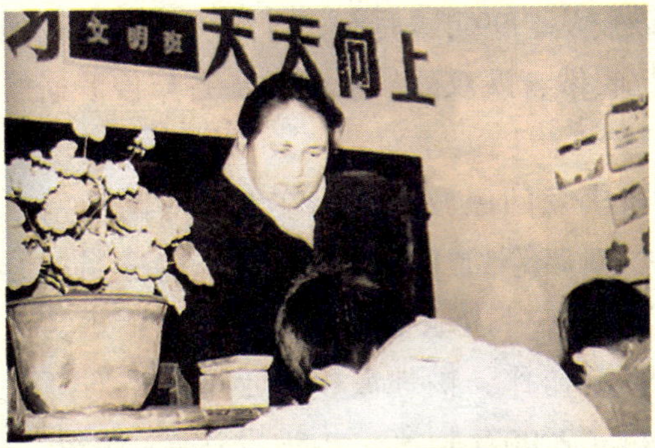

2002年，本书作者在伊宁市俄罗斯中学考察时与俄罗斯族学生合影留念

大多在各地、州、县（市）工作，成为边疆各条战线的骨干。其中，有大学教授、研究员、主任医师、经济师等，也有的走上了县（处）级领导岗位，还有的被选为全国、自治区、自治州和县（市）人大代表、政协委员，被评为劳动模范、民族团结进步模范个人、三八红旗手等，为自治区经济建设、社会发展做出了较大的贡献。

内蒙古自治区额尔古纳市室韦俄罗斯民族乡，在历史上办有苏侨学校，其数量和规模都超过当地学校。改革开放以来，该乡的教育事业得到较快发展，取得长足进步。现在室韦俄罗斯民族乡共有三所学校，即乡所在地吉拉林设有一所小学，在校生中俄罗斯族和华俄后裔学生占71%；原俄罗斯民族乡所在地恩和有一所学校，俄罗斯族和华俄后裔学生占43%；恩和牧场办有一所初级中学，俄罗斯族和华俄后裔学生占50%。全乡现有教师60名，学历合格率为100%。2002—2003年，全乡小学适龄儿童入学率为100%，辍学率为零。

教育特点

俄罗斯族人对文化教育非常重视，办学较早。几乎走到哪里

俄罗斯族学生

就把学校办到哪里，迁居中国的俄罗斯族人无论是居住在城市，无论是居住在“贸易圈”内，还是居住在县城或山区里，只要是俄罗斯族聚集的地方，民众就会自力更生地建起俄罗斯学校。辛亥革命以后，在俄罗斯族聚居区相继开办了规模不等的各类学校，培养了一批人才，为俄罗斯族社会、经济的发展做出了积极的贡献，同时对我国其他少数民族的教育也产生了积极的影响。

从上述俄罗斯族教育发展轨迹中可以看出其教育的显著特点：

1. 俄罗斯族十分重视文化教育，非常注重提高自身的文化素质，他们走到哪里，就把学校办到哪里；

2. 俄罗斯族办学较早，辛亥革命以后，现代教育就出现于新疆俄罗斯族聚居区；

3. 20世纪三四十年代俄罗斯族各类教育就形成一定规模并有了一定程度的发展，基础教育的普及率，高等学校、中等专业学校在校生远远高于其他民族，培养了一批各类专业人才，为我国的经济建设，社会发展做出了一定的贡献；

4. 俄罗斯族从苏联带来了先进的教育思想、观念、管理方法及教材，并在我国加以传播，直接或间接地对我国其他少数民族产生了积极影响，从而促进了其他少数民族教育的发展；

5. 俄罗斯族大多兼通汉语，所以其子女基本上都进入汉语学校学习，单独设置的俄罗斯族学校少，俄罗斯族教育的民族特色不明显；

6. 由于俄罗斯族重视教育，其文化素质较高，文盲率低，文化素质各项指标在新疆位居前列。

人口文化素质

随着教育事业的发展，俄罗斯族的人口文化素质也得到显著提高。据第五次全国人口普查，2000年，新疆俄罗斯族每万人口中拥有小学以上文化程度的为：大学（包括大专）1 405人，中专1 064人，高中1 580人，初中2 949人，小学1 985人。同时，俄罗斯族的文盲率也大幅度下降，据第五次全国人口普查，2000年全国俄罗斯族15岁以上人口中文盲人数为422人，文盲率为3.64%，属文盲率低的少数民族之一，低于全国和自治区平均水平，在全国56个民族中仅高于鄂伦春族（3.48%）、达斡尔族（3.46%）、朝鲜族（2.86%）、锡伯族（2.74%）、哈萨克族（2.68%）、乌孜别克族（2.50%）、塔塔尔族（1.98%）7个民族。此外，据2000年全国人口普查，全国俄罗斯族平均受教育水平达8.37年，仅次于塔塔尔族（8.80年）和赫哲族（8.66年），是受教育水平较高的民族之一。

俄罗斯族的文化教育水平综合均值也有了较大提高。根据2000年新疆各民族文化教育水平综合均值表数据，俄罗斯族合计

俄罗斯族师生

值为11.87，在新疆13个世居民族中列第2位，仅低于满族（13.67），高于新疆其他11个世居民族，也高于新疆平均水平（8.32）和新疆少数民族平均水平（8.16）。

目前，中国的俄罗斯族在党和政府的领导下，与全国各族人民团结一致，同心同德，奋发图强，为把我国建设成为社会主义现代化强国而奋斗。

第八章
现代化进程

我国自古以来就是一个统一的多民族国家，在漫长的社会历史进程中，俄罗斯族同各族人民密切交往、相互依存、交流融合、休戚与共，90年的辉煌历程中，俄罗斯族在党的民族政策的光辉照耀下，与各族人民共同团结奋斗、共同繁荣发展，为中华民族伟大复兴不懈奋斗的光辉史诗谱写出了辉煌篇章。

新中国成立后，俄罗斯族人与各族人民一样，享有充分的民主权利。在全国和新疆维吾尔自治区的历届人民代表大会中均有俄罗斯族人的代表。俄罗斯族人民积极参加了民主改革、社会主义改造和社会主义建设。内蒙古自治区呼伦贝尔市的一些俄罗斯族群众还参加了当地的国有农场，成为农业职工，他们的生活水平均有显著提高。社会主义道德新风也在不断地影响和改变着俄罗斯族人固有的传统道德观念。俄罗斯族人特别重视教育，在中国的俄罗斯族人中知识分子比例较高，他们在当地又学会了其他民族的语言，因此深受周围各族人民的尊重与爱戴。

幸福的俄罗斯族家庭

俄罗斯族人文化素质较高，大多数人都有某种技艺，如运输修理、医疗护理、栽培果木、养蜂取蜜、操作机械等。他们在和各民族长期交往相处中都毫无保留地把各种技艺传授给其他民族，他们把向其他民族传授技艺当作自己应尽的义务，也作为应当恪守的职业道德。如新疆伊犁地区的果树栽培业、磨坊经营业、养蜂捕鱼业的发展都有俄罗斯族人民的功劳。新中国成立初期还有许多俄罗斯族妇女参加医护工作，她们发扬“救死扶伤”的革命人道主义精神，在农村牧区及城镇从事新法接生和防病治病工作。全国人大代表、中共党员、已故女医生卡尔波娃·娜嘉在医疗卫生战线工作30多年，以崇高的责任感和良好的职业道德赢得了新疆各族人民的尊敬。

俄罗斯族三口之家

1982年12月4日，全国人民代表大会第五届第五次会议通过了修改以后的《中华人民共和国宪法》，俄罗斯族及其他少数民族获得了社会上的尊重和爱护。1984年5月31日，第六届全国人民代表大会第二次会议通过并公布了《中华人民共和国民族区域自治法》，对少数民族具体规定了许多优待和照顾，使俄罗斯族人民更深刻地体味到中华民族大家庭的温暖。

参政议政

新中国成立后，俄罗斯族和其他少数民族一样享有民族平等的权利，俄罗斯族在各级人民代表大会中都有自己的代表参与国家和本地区的事务。他们分别是：第三届全国人民代表大会代表尼科来·瓦西里耶维奇·孜缅科；第五届全国人民代表大会代表、新疆伊犁地区红旗机械厂女医生卡尔波娃·娜嘉（女）；第六届全国人民代表大会代表维拉（女）；第七届全国人民代表大会代表什瓦寥娃·瓦娜（女）；第八届全国人民代表大会代表卡丽娅·伊万诺夫娜·卡拉波娃（女）；新疆塔城市第二小学教师、第九届全国人民代表大会代表瓦什杂·丽扎·丽达（女）；新疆塔城市中级人民法院法官、第十届全国人民代表大会代表拉依萨·阿列克桑德洛娜（女）。

各级政协中也有俄罗斯族委员，他们积极参政议政，为经济社会发展献计献策，反映广大俄罗斯族群众的要求和呼声。尼科来·瓦西里维奇·孜缅科被选为第五届全国政协委员；乌拉迪米尔·尼科来耶维奇·孜缅科被选为第六、七、八届全国政协委员；伊宁市俄罗斯学校校长卢尼奥夫·尼古拉·伊万诺维奇被选为第九届全国政协委员。俄罗斯族第九届全国人大代表、塔城市第二小学教师丽达（女），在做好本职工作的同时，深入农牧区边远小学了解基础教育的现状，向九届全国人大五次会议提出了《解决边疆基础教育面临困难的办法》的提案，受到重视。她还和俄罗斯族同胞一起，筹建了塔城市俄罗斯族文化协会，开展多种形式的文艺活动，活跃了俄罗斯族的文化生活。新疆塔城市中级人民法院法官拉依萨·阿列克桑德洛娜（女）当选为第十届全

第十、十一届全国人大代表拉依萨·阿列克桑德洛娜

国人民代表大会代表后，于2003年3月，在第十届全国人民代表大会上提出了《关于要求国家有关部门解决塔城市俄罗斯族用本民族语言收听收看广播电视和中小学用双语教学的建议》的提案。

民族区域自治

1978年中国改革开放后，党和政府认真落实《中华人民共和国民族区域自治法》和党的民族政策，根据俄罗斯族人民的意愿和要求，在内蒙古自治区额尔古纳市建立了全国唯一的俄罗斯民族乡——室韦俄罗斯民族乡。原俄罗斯族民族乡政府所在地是恩和。1948年民主建政时期，恩和建立了工会组织。1956年10月建恩和乡，1958年秋恩和乡划入苏沁牧场为第三分场，后乡场合一，1964年重建恩和乡。恩和乡曾为中共额尔古纳旗西部地区工作委员会驻地。1994年4月经内蒙古自治区民政厅批准，成立恩和俄罗斯民族乡。2001年4月16日经内蒙古自治区民政厅批准，恩和乡和室韦镇合并成立室韦俄罗斯民族乡，乡政府设在室韦村，在恩和设管理委员会。全乡总面积3 154平方公里，人口3 182人，其中俄罗斯族1 075人（占总人口的33.8%）。

恩和俄罗斯民族乡人民政府

室韦俄罗斯民族乡

室韦俄罗斯民族乡由地方和国有牧场两个系统构成，全乡辖

10个自然村屯、恩和农牧场和室韦农牧场两个国有企业。辖区内驻地有两支边防部队、两个边防派出所、一所卫生院、两所小学。室韦俄罗斯族民族乡机关机构设置：党委、政府、人大及武装部。党委、政府下设民政办、司法办、防火办、纪检监察综合治理办公室、文教卫生、财经办、土地办、党政办。2003年室韦俄罗斯民族乡党政领导班子成员平均年龄35.88岁，文化程度都在大专以上，政治面貌都是中共党员。现在，内蒙古自治区呼伦贝尔市、额尔古纳市和室韦乡三级政权中有10余名俄罗斯族担任领导职务。

改革开放以来，内蒙古自治区额尔古纳市室韦俄罗斯民族乡坚持以经济建设为中心，采取一系列措施和办法：发挥俄罗斯族的民族优势，打造民族品牌，开展各种各样的民族文化旅游项目；依托口岸优势，加大对室韦口岸工业园区的建设和服务力度，实现外贸零的突破；调整产业结构，加大畜牧业的发展力度；以项目立项开发为重点，争取项目立项；加快乡镇企业和个体私营经济的发展步伐，推动了当地经济社会的发展，其经济结构和类型较过去相比都发生了很大变化。

粮食种植业的比重不断加大，2002年，室韦俄罗斯民族乡小麦播种面积9万亩，成为该乡财政收入的重要支柱。农业生产工具不断改进，现代化的生产机械设备已成为该乡种植业生产的主要装备。进入21世纪以来，该乡根据本地独特的俄罗斯族民族文化和优越的自然环境，大力开发了旅游业，并把它作为该乡经济发展的一个支柱产业。同时，该乡的交通、通讯业也得到了快速发展，于2002年架通了拉布大林（额尔古纳市）——吉拉林（室韦村）——莫尔道嘎镇的光缆工程，开通了计算机网络、手机业务，使室韦乡信息化水平上了一个新台阶，包括俄罗斯族在内的各族群众通过电脑上网可以迅速地了解外部世界，获得更多的信息，为发展本乡的经济和社会各项事业服务。2003年以来，在国家的帮助下，共投入6.55亿元，对室韦——拉布大林公路、室韦——黑山头公路、室韦——莫尔道嘎公路进行了改造，使之达到三级柏油路面标准；投资8.62亿元，对乡内一些村屯之间的公路以及乡政府所在地室韦村公路进行了改造，改善了公路条件，拉动了室韦地区口岸经济及其他各项社会事业的发展。室韦地区

俄罗斯民族乡街景

的民营和个体经济也得到快速发展，到2002年，该乡有个体工商户26户，从业人员38人，个体私营经济共投资430万，有私营木材加工点6个，木炭点1个，对外贸易开始起步。

现在，在室韦乡政府所在地建立了国家一类对外口岸——室韦口岸。室韦与俄罗斯的地方政府联合于2001年在额尔古纳河上建立了第一座钢筋混凝土公路大桥，即室韦——奥洛契大桥，从而为室韦地方发展对外贸易打开了国际通道。2002年室韦口岸实现了常年开关，全年过货18 288.50吨。

室韦是全国唯一的俄罗斯族民族乡，俄罗斯族的文化传统保留得比较多，具有较浓郁的地域和民族特色。进入21世纪以来，室韦俄罗斯民族乡发挥俄罗斯族的民族优势，围绕俄罗斯族文化的传统特点，发展旅游业，使该乡独具特色的俄罗斯家庭游得到了进一步发展，旅游业在全乡经济中独领风骚。用传统方法制作的俄罗斯族特色佳肴，有着近百年历史的俄罗斯族民居——“木刻楞房”，热情奔放的俄罗斯族歌舞以及额尔古纳河畔优美的风景，吸引了大批的游客。2006年，该乡跻身中央电视台评选的“全国十大魅力名镇”。

2003年，内蒙古自治区民委和扶贫办，拨专款20万元扶持室韦俄罗斯族家庭旅馆发展。乡里最早选择了10户俄罗斯族人家搞旅游业，作为人口较少民族扶贫开发项目示范户，每户补助2万元，主要用于改善基础设施，盖独立的卫生间，修洗澡间。乡里还组织这10户人家的成员到俄罗斯考察旅游业。2004年6月18日，第一批10户家庭旅馆正式开业。由于游客逐渐增多，生意逐渐兴隆，当年户均收入达8 000元。已有20户家庭旅馆获得较大收益，其中8户年均收入在3.5万以上。2005年，在自治区有关部门的支持下，室韦俄罗斯民族乡共有40户得到扶持开办家庭旅馆，门口都挂着一块大木牌："俄罗斯民族之家。"自治区民委还拿出资金，给每户购置两匹马供游客租用。

经济发展

俄罗斯族是一个勤劳勇敢，富有才智的民族。移居中国的俄罗斯民族克服人地两生的重重困难，积极创业，建设家园，改进生产工具，发展手工业，带来了市场繁荣、人民生活便利的新景象。

俄罗斯族传统织布机

新中国成立以后，在党的民族政策的光辉照耀下，中国的俄罗斯族充分发挥其文化素质较高和与境外俄罗斯人有广泛联系的特点，为促进和发展当地的经济建设，做出了较大的贡献。

早期俄罗斯族作坊制造的皮鞋

新中国成立初期，俄罗斯族农民在伊犁地区首开新疆的养蜂和家庭养鹿业的先河，他们将养蜂取蜜和养鹿的经验毫无保留地传授给了当地各族农牧民，使伊犁地区的养蜂业、养鹿业迅速发展起来。目前，伊犁地区是新疆重要的马鹿驯养地和新疆最大的蜂蜜产地。他们不断培养和改良蜂群，培育了高产优质的蜜蜂良种——伊犁黑蜂，使伊犁蜂蜜闻名于世，走向国际市场。

在新疆北部有许多河流和湖泊，盛产各种鱼类。俄罗斯族将

心灵手巧的俄罗斯工匠

先进的捕捞工具和渔业生产技术传进新疆北部。他们改进了平底渔船，采用袋网捕鱼，冬季冰封后，他们又凿冰捞鱼。在捕捞的同时，他们还注意保护和发展渔业资源，在河、湖、水库、池塘中养殖了各种鱼类。

新疆北部冬季酷寒，俄罗斯族将使用火墙的技术在新疆北部的城镇中广泛推广。他们铸造的生铁炉子精巧美观，省燃料，散热多，为各族人民过冬带来了方便。俄罗斯族手工业工人还用新疆的细羊毛制作出轻巧洁白的毡靴、毡筒和毡丝，成为御寒佳品。过去，伊犁的水磨用水量大，十分笨重，全是用大木头支撑。俄罗斯族迁居伊犁后，用滚珠进行改造，用水量少，使用轻巧，非常方便。俄罗斯族在巩留莫英古扎做了一个风力磨，这在伊犁地区从未有过。

在改革开放政策的指引下，新疆俄罗斯族一些传统家庭饲养业和家庭农业，在内容和形式上也发生了很大的变化。他们生产的东西不再仅仅是自我消费，而是把它当作商品出售，以换取更多的收入。现在俄罗斯族家庭有专门承包土地从事农业生产和蔬菜种植的，也有从事庭院经济和专门从事畜牧业生产的，还有当个体户从事餐饮业、服务业、修理业工作的。他们凭借自己的能力、手艺和辛勤的劳动获得更多的收入。

文化事业发展

新中国成立以来，特别是改革开放以来，我国俄罗斯族的文化事业也有了一定的发展。内蒙古自治区额尔古纳市室韦俄罗斯民族乡建有乡文化站、影剧院和俱乐部，还在吉拉林建立了广播电视台，电视收视率达到100%。为各族群众提供了文化娱乐场地，受到群众的欢迎。同时，也经常开展一些群众性文艺活动。

1998年，由室韦俄罗斯民族乡室韦村20多位文艺爱好者自发组织了民间业余文艺团——俄罗斯民间文艺团。该团成员平时参加生产劳动，逢年过节或乡里举行重大活动时组织排练、参加演出。该团参加了2002年乡政府组织的“巴斯克节”庆祝活动、“友谊桥”落成典礼等活动。还到边防部队、临近的村屯进行慰问演出，丰富了当地人的文化生活，传播了俄罗斯族文化。

俄罗斯民俗博物馆

为发展俄罗斯族文化，塔城地区和额尔古纳室韦俄罗斯民族乡成立了俄罗斯研究会、俄罗斯族文化协会等，开展俄罗斯族文化研究工作和文艺演出等活动。2004年成立的额尔古纳俄罗斯研究会，是集民族性、群众性、学术性为一体的群众性团体，其宗旨是振兴民族精神，振兴民族经济，为地区经济建设和民族脱贫致富服务，为提高民族科学文化素质服务。主要任务是研究俄罗斯历史和现状，保护、发展俄罗斯文化，为民族经济发展、文化繁荣提供可行性建议。

室韦俄罗斯民族乡保留着较为完好的俄罗斯族文化和生活习俗。为保护和传播俄罗斯族民俗文化，国内首家俄罗斯族民俗博物馆——内蒙古自治区额尔古纳市俄罗斯族民俗博物馆于2005年12月建成。该馆建于额尔古纳市室韦俄罗斯族民族乡，占地面积2万多平方米，建筑面积560平方米。全馆共有3个展室，分别为历史文化馆、自然馆和植物园。馆内共有展品5大系列600余件，包括生产工具、生活用品、服装、照片等，囊括了俄罗斯族社会生活的方方面面，是我国俄罗斯族生活史的生动再现。该馆的落成，将有助于整理和保护独特的俄罗斯族民俗，对于丰富和发展旅游业资源、保护和传播俄罗斯族民俗文化都具有重要

俄罗斯民间艺术团

意义。

地处我国阿尔泰山区的新疆布尔津县与俄罗斯山水相连。2000年以来，布尔津县在县域及周边地区开展了抢救性行动，征集散落民间的俄罗斯民俗文物，建立了“俄罗斯民俗文物陈列馆”。到2004年，当地文物部门已征集到了127件具有代表性的俄罗斯民俗文物，其中包括：纺车、月耳秤及生活用具等。“俄罗斯民俗文物陈列馆”的开放，重现中国与俄罗斯一水相连、密切交往的历史。现在，前往新疆著名景区喀纳斯的游客在观光之余，还可了解到中国境内俄罗斯族人丰富多样的文化。同时，布尔津县还尝试“复原”历史上曾有的俄罗斯村庄，使俄罗斯族文化成为当地旅游业开发的重点内容之一。

1937年2月建立于上海的普希金纪念碑

2003年12月成立的塔城地区俄罗斯族文化协会，其宗旨是挽救、挖掘俄罗斯族文化，开展群众联谊活动。会长兰松山（俄语名字叫瓦连金·瓦西里耶维奇），现有会员150多名。协会下面组建了一支由12人组成的乐队，创作了一些俄罗斯族音乐舞蹈，在节假日演出，很受群众欢迎。

参考文献

1.《俄罗斯族简史》编写组. 俄罗斯族简史. 乌鲁木齐：新疆人民出版社，1987

2. 余建忠，姜勇. 俄罗斯族——新疆塔城市二工镇，内蒙古额尔古纳市室韦乡调查. 昆明：云南大学出版社，2004

3.《俄罗斯族简史》编写组，《俄罗斯族简史》（修订本）编写组. 俄罗斯族简史（修订版）. 北京：民族出版社，2008

4. 新疆维吾尔自治区对外文化交流协会. 俄罗斯族民俗文化. 乌鲁木齐：新疆美术摄影出版社，新疆电子音像出版社，2008

5. 李咏梅. 俄罗斯族. 长春：吉林文史出版社，2010

6. 青觉. 恩和村调查（俄罗斯族）. 北京：中国经济出版社，2011

7. 黄燕. 民族文化经典故事丛书·俄罗斯族. 北京：外语教学与研究出版社，2011

8. 国家民族事务委员会全国少数民族古籍整理研究室. 中国少数民族古籍总目提要：乌孜别克族卷，塔塔尔族卷，俄罗斯族卷. 北京：中国大百科全书出版社，2011

9. 苏闻宇，马璐璐，罗意. 中国俄罗斯族. 银川：宁夏人民出版社，2012

10. 蔺茂奎. 中国新疆塔城俄罗斯族. 乌鲁木齐：新疆人民出版社，2013

11. ［英］杰弗里·霍斯金，李国庆，宫齐，周佩虹，郭燕青. 俄罗斯史. 广州：南方日报出版社，2013

13. Н. И. КОСТОМАРОВ. Русская История. МОСКВА ЭКСМО, 2004

14. А. В. СЕРГЕЕВА, Какие Мы, Русские, МОСКВА, 2010

15. Шангина Изабелла Иосифовна, Русский народ: Будни и праздники: энциклопедия, Азбука–классика, 2003

16. В. М. Соловьев, Русская культура. С древнейших времен до наших дней, Белый город, 2004

17. В. Модестова, Русский фольклор, Художественная литература, 2007

图片提供者

（按姓氏音序排列）

《俄罗斯大历史》
第14页
第22页
第27页（下）
《俄罗斯民间故事集》
第130页
第131页
第132页
第134页
第135页
《清史图典》
第15页（下）
第19页（中）
安德烈
第34页（右）
第48页
第49页
第55页
第56页
第57页
第58页（下）
第85页（中）
第87页
第88页
第91页（下）
第108页（下）
第109页
第115页
第119页
第120页
第123页
第140页（上）
第143页（下）
第157页
安东
第26页（下）
第28页
第35页（上）
第38页
第43页
第73页（上）
第77页（下）
第78页（服装）
第79页
第81页
第82页（下）
第90页
第98页
第140页（下）
第145页（上）
第149页（左）
第167页（右）
安娜
第30页（上）
第31页（上）
第37页（下）
第40页（上）
第41页（下）
第67页（上）
第89页（上）
第116页
第136页
第146页
第148页（下）
第149页（右）
曹珂香
第92页
第170页（上）
贺振平
第44页
第143页（上）
黄韬鹏
第153页（上）
拉依萨
第163页
李维佳
第32页
第35页（下）
第36页
第40页（下）
第41页（上）
第62页
第65页（上）
第70页（上）
第99页
第102页
第110页（下）
第112页（下）
第142页（下）
蔺茂奎
第16页
第17页
第19页（下）
第21页
第95页
第153页（下）
第156页（上）
刘同德
第86页
刘彤
第51页（中）
刘振
第139页
第162页（下）
柳芭
第39页
第51页（下）
第52页
陆健
第155页
马忠义
第158页
娜佳
第26页（上）
第27页
第34页（左）
第37页（上）
第45页
第54页
第58页（上）
第63页
第64页
第65页（下）
第66页
第67页（下）
第68页
第69页
第70页（下）
第71页
第72页
第73页（下）
第74页
第85页（下）
第96页
第97页（上）
第152页
娜依拉
第104页
第111页
第112页（上）
第113页
第148页（上）
乃珂热曼·依布拉音
第42页
第50页
第156页（下）
第166页
第169页
南丁
第15页（上）
尼古拉
第107页
施晓亮
第13页
第19页（上）
第30页（下）
第31页（下）
第40页（中）
第51页
第53页
第84页
第93页
第122页
第124页
第147页（中、下）
第162页（上）
第168页
舒慕桐
第154页
维拉
第10页
第11页
第75页
第76页
第77页（上）
第78页（人物）
第80页
第82页（上）
第83页
第85页（上）
第89页（下）
第91页（上）
第97页（下）
第105页
第106页
第108页（上）
第110页（上）
第114页
第117页
第137页
第138页
第144页
第148页（左）
第167页（左）
晏先
第27页（上）
第33页
邹俭朴
第145页（下）

后记

俄罗斯族在漫长的历史长河中，创造了自己独一无二的物质和精神文化。俄罗斯族有着一部起伏跌宕、徘徊于东西方文明之间的历史和一个对俄罗斯族文化的起源和发展起着奠基作用的民族精神，因而俄罗斯族是一个拥有着悠久历史和独特文化传统的伟大民族。出于对这样一个伟大民族的热爱之心，经过本人多年以来对俄罗斯语言、文学、民俗、历史、宗教等诸多方面的学习和研究，对俄罗斯民族的喜爱和了解逐日加深。

受辽宁民族出版社委托，我有幸参与了《走近中国少数民族丛书·俄罗斯族》一书的编写工作。处于对俄罗斯民族的崇敬之心，本人在编写这本书过程中以无限光荣的使命感将自己所有的心血注入到了这本书中，尽自己所能，对中国俄罗斯族的民俗文化进行综合考察和系统梳理。这一神圣而又特别的写作，是我生命中的一次非常值得的心灵之旅。

沿着历史的轨迹，寻找俄罗斯民族伟大而又光彩夺目的历史和文化之旅，让我交织着无比自豪和磅礴凝重的思想感受。在编写本书过程中，由于有关中国俄罗斯族的资料寥寥无几，加之写作时间紧迫，本书得到了很多俄罗斯族友人及社会各方面的大力支持和帮助才得以顺利完成。感谢施晓亮、贺振平、曹珂香、刘振、柳芭、晏先、尼古拉、列娜、刘彤、陆健、马忠义、舒慕桐、蔺茂奎、拉依萨、阿列克桑佳洛娜、娜依拉、安娜、维拉、安东、李维佳、娜佳、郭向群、黄韬鹏等同志提供的相关珍贵图片和相关资料，以及辽宁民族出版社有关领导和编辑同志为本书的出版付出的辛勤劳动，一并诚挚致谢！

由于笔者水平和资料的限制，经验不足，时间仓促，在此奉献给大家的这本书肯定存在不足之处。恳请专家学者和广大读者不吝赐教，以便修正。

乃珂热曼·依布拉音

2014年12月